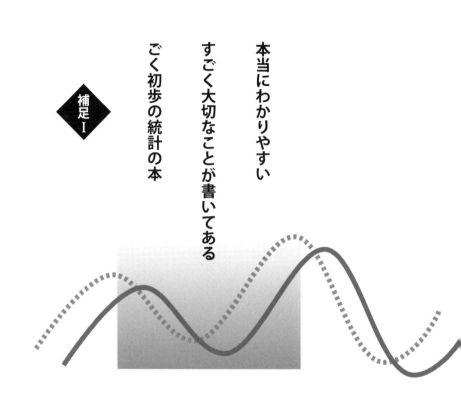

本当にわかりやすい
すごく大切なことが書いてある
ごく初歩の統計の本

補足 I

吉田寿夫 著

北大路書房

もくじ

1章　1つひとつの変数についての分析：『ごく初歩本』の1章と2章の補足……1
　中央値の意味と中央値と平均値の大小関係……………………………………1
　外れ値…………………………………………………………………………………2
　平均値と中央値の使い分け…………………………………………………………3
　散布度への注目の必要性……………………………………………………………8
　標準偏差とは…………………………………………………………………………10
　正規分布を描いた図における標準偏差の値の意味………………………………11
　$\sum_{i=1}^{n}|y_i-c|$ を最小にする定数 c と $\sum_{i=1}^{n}(y_i-c)^2$ を最小にする定数 c ……………12
　変動と分散……………………………………………………………………………16
　歪度と尖度……………………………………………………………………………17
　負の値がないデータにおいて「平均値＜標準偏差」になることはあるか？……21
　　1章　練習問題…………………………………………………………………24

2章　2つの変数の関係についての分析：『ごく初歩本』の3章と4章の補足……29
　2つの変数の間に関係があるとは…………………………………………………29
　分布の様相を把握した上で分析することの必要性………………………………34
　相関係数と共変動，共分散…………………………………………………………35
　相関係数の値の意味…………………………………………………………………36
　相関関係と因果関係…………………………………………………………………39
　　▶▶▶▶　双方向的因果関係　41
　　▶▶▶▶　擬似相関と擬似無相関　42
　　▶▶▶▶　測定法を考慮した解釈の必要性　50
　相関係数が特定の値になるデータの作成方法……………………………………55
　$\phi = r$ であることについて…………………………………………………………58
　　2章　練習問題…………………………………………………………………61

3章　標準偏差と相関係数のベクトルによる表現と変数の合成……………………71
　ベクトルについて……………………………………………………………………71
　　▶▶▶▶　ベクトルとは　71
　　▶▶▶▶　ベクトルの長さ　74
　　▶▶▶▶　2つのベクトルの成す角　74
　　▶▶▶▶　ベクトルの和と差　74
　　▶▶▶▶　ベクトルの内積と余弦　76

ii　もくじ

標準偏差のベクトルによる表現 …………………………………………………… 78
相関係数のベクトルによる表現 …………………………………………………… 82
変数の合成と統計量の値 …………………………………………………………… 87
　▶▶▶▶　和の値と差の値の平均値　87
　▶▶▶▶　和の値と差の値の変動，分散，標準偏差：$r = 0$ の場合　88
　▶▶▶▶　和の値と差の値の変動，分散，標準偏差：$r \neq 0$ の場合　90
　▶▶▶▶　2つの変数の相関と和の値の標準偏差　93
　▶▶▶▶　2つの変数の相関と差の値の標準偏差　94
　▶▶▶▶　個々の値と和の値，差の値の相関　94
　3章　練習問題 ……………………………………………………………………… 96

4章　変数の変換：『ごく初歩本』の5章の補足 ……………………………… 99

変数の変換とは ……………………………………………………………………… 99
線形変換 ……………………………………………………………………………… 100
線形変換による平均値と標準偏差の変化 ………………………………………… 101
標準化と標準得点 …………………………………………………………………… 101
線形変換による相関係数の変化 …………………………………………………… 104
線形変換による歪度，尖度の変化 ………………………………………………… 107
　▶▶▶▶　歪度の式とその意味　107
　▶▶▶▶　尖度の式とその意味　110
標準化平均値差 ……………………………………………………………………… 114
　▶▶▶▶　標準化平均値差の値の意味　117
　▶▶▶▶　加重平均値と非加重平均値　118
非線形変換 …………………………………………………………………………… 122
　▶▶▶▶　逆数変換　122
　▶▶▶▶　分布を正規分布に近づける変換を行なうことの是非　123
　4章　練習問題 …………………………………………………………………… 127

練習問題の解答と解説 ………………………………………………………………… 135
引用文献 ………………………………………………………………………………… 173
別　　表 ………………………………………………………………………………… 175
索　　引 ………………………………………………………………………………… 177

■ちょっと余分な話1　「平均値（SD）」という表記について ………………… 15
■ちょっと余分な話2　分布の歪みが顕著なデータの例 ………………………… 22
■ちょっと余分な話3　こんな切断効果もあり得ます。…………………………… 37
■ちょっと余分な話4　歪度の値についての判断 ………………………………… 109

1章 １つひとつの変数についての分析
: 『ごく初歩本』の１章と２章の補足

中央値の意味と中央値と平均値の大小関係

　中央値 (median) は，その名の通り，測定値を大きさの順に並べたときにちょうど真ん中に位置する値です（本書では，中央値を記号で表わす場合，Me とします）。ですから，中央値と同じ値の測定値が複数あるような場合でない限り，中央値よりも値が大きな測定値と小さな測定値は同数あることになります。したがって，図１-１の(a)のように左右対称形の分布をしている，歪度が０のデータでは，個々の測定値の中央値からの偏差である $y_i - Me$ が＋になるものと－になるものが対称的に（すなわち，絶対値が等しいものが同じ数ずつ）存在することになります（歪度については，後で詳しく説明します）。そして，そのため，平均値 (mean) は，中央値からの偏差が＋のものと－のものが相殺されて，中央値と一致することになります（平均値は，$\bar{y}$ などと，分析の対象になっている変数を表わすアルファベットの上に－（バー）を付けて表記するか，M と表記します）。これに対して，図１-１の(b)のように，相対的に値が小さい側の測定値の数が多く，左に偏っていて，右のすそ野が長い分布になっている，歪度＞０のデータでは，$y_i - Me$ が＋になるものと－になるものが同数ずつ存在することには変わりありませんが，絶対値は中央値よりも大きい測定値の方が全般に大きくなります。そして，そのために，$y_i - Me$ の

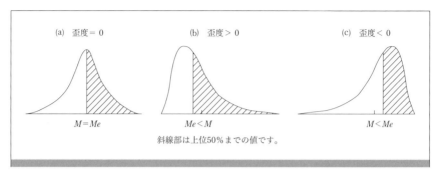

図 1-1　歪度＝0，歪度＞0，歪度＜0 の分布における中央値と平均値の大小関係

値を合計すると＋になり，平均値は中央値よりも大きな値になります（歪度＜0 のデータの場合は，(c)のようにこの逆です）。

　なお，**偏差**（deviation）というのは，一般的には，ある値ないし個々の値と，平均値や中央値のようななんらかの標準的な値との差を意味します。今後いろいろなところで登場しますので，覚えておいてください。

外れ値

　他のほとんどの測定値に比べて値が極端に異なっているごく少数の測定値を**外れ値**（outlier）と言います。外れ値は，多くの場合，データの特徴をなんらかの数値的指標によって端的に記述することである**数値要約**の結果を大きく左右します。具体的には，一般に用いられることが多い，平均値，標準偏差，ピアソンの相関係数などの値は，外れ値を含めた場合と除外した場合で，大きく異なることがあります（具体的には，『ごく初歩本』の45ページ，51ページの【練習問題 2-2】，82～83ページなどを参照してください）。そして，外れ値だと判断される測定値が存在する場合には，それを除外して分析したり，上記の統計量の代わりに，外れ値の影響を受けにくい頑健な統計量である，中央値，四分位偏差，スピアマンの順位相関係数などを用いたりします。これは，統計的データを収集し分析する研究の目的は，通常，一般的傾向について把握することであり，ごく一部の値が分析結果を大きく左右することはこの目的に反す

るからです。ですから，一般的傾向について記述するためには，上記のようにした方が妥当だと思います。しかし，外れ値だと判断される値を示した対象について精査することは，それが外れ値になったのが単なる測定上のミスなどによるのでなければ，分析している変数の値を規定する要因や心理過程に関して有益な示唆を与えてくれる可能性があります。詳しいことは『ちょっと本Ⅰ』の39ページの「ちょっと余分な話3」で説明しますが，短絡的に「外れ値＝問題視（のみ）すべきもの」と考えない方がよいと思います[1]。

なお，統計量（statistic）というのは，データから算出されるなんらかの数値のことであり，平均値も標準偏差も，相関係数も，比率も，統計的検定を行なう際に算出される t 値や F 値も，すべて統計量です。

平均値と中央値の使い分け

以下に例示するように，どちらも分布の中心的位置を表わす指標であるにもかかわらず，分布の形によっては平均値と中央値が大きく異なることがあります。では，平均値と中央値は，どのように使い分けたらよいのでしょうか。

このような問いをしておきながら，まず，それに素直に答えていないことになることを述べます。それは，「統計的データの解釈はなるべく豊かな情報に基づいて行なうことが大切であり，結果を提示する場合にも，複数の統計量を同時に提示しても要する紙面はほとんど変わらないのだから，"用いる統計量を1つにしなければならない"などと考える必要はない」ということです。各々が異なる有用な面および問題点を有していると考えられるのならば，択一視をせずに，複数の統計量に基づいて結果を解釈しようとする方が望ましいと思います。

以上のような基本姿勢を踏まえていただいた上で，今度は，問いに素直に答えてみます。まず，前項にも記したように，外れ値だと判断される測定値が存

---

1) 統計的研究における外れ値の問題に関するものではありませんが，村本（2006）は，『「例外」のなかに「典型」をみる』と題して，非常に重要だと考えられることを論じています。ぜひ読んでいただければと思います。

在する場合（言い換えれば，分布が顕著に歪んでいる場合）には，中央値を使って「データの値は一般に○○くらいです」と記述した方が妥当だと思います。それは，このような場合，平均値では，「一般的傾向について把握する」という統計的研究の通常の目的に合致していないことになるからです。極端な例ですが，たとえば，ある会社に社員が11人いて，その人たちの月給が｛15, 15, 15, 15, 16, 16, 18, 20, 20, 100, 300：単位は万円｝だったとします。この場合，平均値は50万円になり，これよりも高い給料をもらっている人は11人中2人しかいません。しかも，残りの9人の月給と平均値の間には30万円以上の差があります。ですから，この場合に平均値を使って「この会社の社員の給料は普通50万円くらいです」などと提示したら，多くの社員は「私たちはそんなにもらっていない。そんな値は多くの社員の実状からかけ離れている」などと不平を言うでしょう。これに対して中央値は16万円であり，この値は，上位2人の給料とはかけ離れていますが，残りの大方の人の給料からは最高でも4万円しか離れていません。それから，これまた極端な話ですが，上記の例で最後の人の給料が300万円ではなく，1億円であった場合，平均値は900万円くらいに跳ね上がりますが，中央値は16万円のままです。これが「中央値は外れ値の影響を受けにくい頑健な統計的指標である」ということの例です。

　また，分布が極端に歪んでいる場合には，直観的かつ常識的に考えて，得られたデータにおける一定の差の値（すなわち，測定値間の間隔）の意味が，その尺度上の位置によって異なっていると考えられることが多いと思います。たとえば，読書が好きな程度という心理的な量（このような，なんらかの心理的な概念があてはまる程度を，本書では，『ごく初歩本』と同様に，**心理量**と呼ぶことにします）を測定するために，1年間に自発的に読んだ本の冊数に関するデータを得たとします。筆者の経験では，このような頻度ないしそれに類した事柄に関するデータは，多くの場合，図1-1の(b)のような形をした分布を示します。では，1年間に読んだ本の数に関するデータの分布が実際に図1-1の(b)のようになったとき，1冊も読まなかった人と10冊読んだ人の読書が好きな程度の差と，100冊読んだ人と110冊読んだ人の読書が好きな程度の差は，等しいとみなしてよいでしょうか。おそらくそうではなく，前者の10冊の差に比べて，後者の10冊の差は，五十歩百歩のものだと思われます。すなわ

ち,分布が極端に歪んでいるデータについては,多くの場合,測定値間の間隔に一定の意味を付与することに大きな問題がある(言い換えれば,「当該の尺度上のどこにおいても,得られたデータにおける一定の差の値が,本来の測定対象である心理量において同一の程度の違いを表わしている」とはみなせない)と考えられるのです。したがって,このようなデータは,多くの場合,間隔尺度のデータ(より的確であろう表現をするならば,間隔尺度によって測定されたデータ,ないし,間隔尺度上のデータ)だとは言えないのです。

さて,平均値というものは,本来,「扱われる数値は,間隔に一定の意味が付与できるものである」という前提で算出されるものです。たとえば,2つの値の平均値は,これらの値を数直線上にプロットしたときの「2点の間の間隔を等しく分けるところの値」と言えるものであり,「間隔を等しく分ける」ということが想定されているのですから,当該の尺度上のどこにおいても測定値間の差の値に一定の意味があることを前提にしていると考えられます。また,3と5の平均値は当然4ですが,この4という値は,「3という値と5という値の大きさの違いを棒の高さで表わした後で,高い方から低い方に棒の一部分を移動させてそれらの高さを均一にして平らにしたときに,それらの高さがどの程度になるかを表わしている」と言えるものです(図1-2の(a))。しかし,もしも,3と4の間の差の意味と4と5の間の差の意味が等しくなく,そ

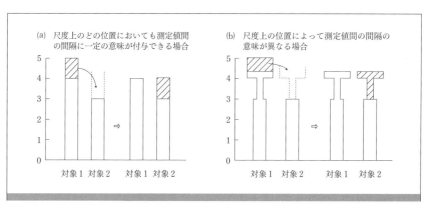

図1-2 「平均値は"扱われる数値が間隔に一定の意味が付与できるものである"という前提のもとで算出されるものである」ことについての説明

の意味の違いに応じて3と4の間の棒の横幅と4と5の間の棒の横幅が異なっていれば，高さが3の棒と高さが5の棒を合わせてつくった高さが均一な2本の棒の高さは4にはなりません（図1-2の(b)）。以上に記したことは比喩的かつ例示といった類いの説明ですが，要は，「平均値というものは，本来，測定値間の間隔に意味があると考えられるデータでなければ適用できない」ということです。そして，この段落と1つ前の段落に記したことを合わせて考えても，厳格に言えば，「一般に，分布が極端に歪んでいるデータにおいて平均値を用いるのは妥当ではない」ことになると思います。

　以上のように，中央値は，特に分布が極端に歪んでいる場合に有用だと考えられ，そのような場合に使われています。しかし，多くの場合，「物事は両刃の剣」であり，中央値にも問題点があります。そして，その主なことは，中央値がデータの中の真ん中の1つ（または，データ数が偶数の場合は真ん中の2つ）の値のみに基づいて算出されることに原因があります。このことは，先に記した「中央値が外れ値の影響を受けにくい頑健な指標である」という長所にも結びついていますが，同時に，「データがもつ多くの情報を有効に活用していない」という短所であろうことにも結びついています。たとえば，数直線上に各測定値をプロットしたときに図1-3のようになるデータがあったとします。一見してわかるように，全般に条件2の方が値が大きい傾向にあるデータです。そして，平均値は，条件2が19.8で，条件1が12.2であり，全般的傾向に合致しています。しかし，中央値はともに16で，条件間の差に関する全般的傾向に反しています。これは，この場合，中央値からの偏差が＋である側と－である側の各々における偏差の絶対値が条件間で顕著に異なっているにもかかわらず，中央値にはそのようなことが反映されないからです[2]。以上のことから，中央値は，平均値に比べて，データがもつ多くの情報を有効に活用していないために，データの特徴を敏感に検出できにくい統計量だと言えると思います。

　煩わしいと思われてしまいそうなことをいろいろと記してきましたが，要

---

[2] 『ごく初歩本』の202ページの【練習問題8-5】で示したように，中央値が等しいにもかかわらず，このデータにU検定を行なうと，5％水準で「有意差あり」になります。また，対応がない場合のt検定を行なっても「有意差あり」になります。

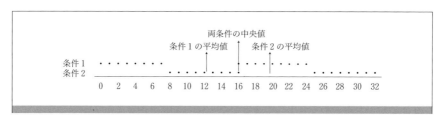

図1-3 中央値に注目して値の全般的大きさに関する条件間の比較をすることが不適切であるケース

は，平均値と中央値の使い分けに関するポイントは，外れ値が存在するような，分布に顕著な歪みが認められるデータかどうかということです．しかし，ある測定値が外れ値であるかどうかを判断する際の明確な基準を設定することは不可能だと思います．なぜならば，当然のことながら，外れている程度というものは，元来，連続的に変化する量的な事柄だからです．放射能の問題でも食品の添加物の問題でも，連続的に変化する量的な事柄に関して，どこからは〇〇（たとえば，安全）で，どこまでは〇〇でない，などといった境目を，論理的必然性をもって決めることはできないと思います．そして，実際にそのような基準が示されていても，それは便宜的なものでしかないと思います．また，測定値間の間隔に一定の意味を付与することの問題性に関しても，それはあくまで程度問題だと思います．そして，非常に厳格な立場に立って極論すれば，本来の測定対象が心理量である場合，測定値間の間隔に一定の意味を付与することにまったく問題がないデータは存在しないと思います．

以上のように，物事の判断というものは，元来，曖昧な面を多分に有しており，このことは統計的データの解釈にも該当します．すなわち，数学的な理論に基づいてなんらかの数的処理を行なっていても，各研究者の「みなし」に依存する主観的な面がどうしても介在するのです．はっきりしない記述になってしまいましたが，元来そのようなものであることを（再）認識し，曖昧さへの耐性をもって，多くの情報に基づいて多面的に解釈をするよう心がけることが大切だと思います（このような姿勢をもつことの必要性については，今後，繰り返し主張させてもらいます）．

散布度への注目の必要性

　統計的データの分析，特に，数値化された量的変数に関する分析においては，多くの場合，測定値の散らばりの程度を表わす標準偏差などの**散布度**よりも，分布の中心に位置する値である平均値などの**代表値**に目が向けられます。また，散布度が小さいということは，代表値が多くの測定値と大きく異なっていないということであり，代表値が多くの対象の実状に沿ったものになっているということです。ですから，散布度が小さいほど，平均値などを用いて「データの値は一般に○○くらいです」と自信をもって記述できることになり，このような意味で，散布度の小ささは代表値の信頼性の高さを表わしている（逆に言えば，散布度が大きいことは，代表値を用いた上記のような記述の危うさないし不確かさを表わしている）ことになります。そして，そのために，散布度は，多くの場合，代表値に注目して分析および結果の解釈をする際の脇役的な働きをしています（具体的には，4 章の「標準化平均値差」の項を参照してください）。

　さて，統計的データに基づいてなんらかの主張をしようとする研究においては，多くの場合，ある変数が別の変数にどのような影響を及ぼすかが検討されます。そして，「変数 x が変数 y に影響を及ぼす」というときには，通常，x の値が変化することによって y の値の「大きさが全般に（同じ方向に）変化する」ことが想定されているとともに，外れ値が存在するようなケースでない限り，「全般的な値の大きさ」は「分布の中心に位置する値の大きさ」にそのまま反映されます。ですから，統計的データの分析において一般に代表値が主役になるのは自然なことだと思います。しかし，『ごく初歩本』にもいくつか例示したように，散布度の値そのものが重要な意味をもつことも多々あると思います。以下に，『ごく初歩本』に記したこと以外の例を列記します。

- ある変数の値を望ましいであろう方向に変化させるために A という働きかけと B という働きかけをして，それらの効果を比較することを試みた。そ

の結果，当該の変数の平均値は働きかけの前後ともA条件とB条件で異なっていなかったが，働きかけの前後の変化量についての標準偏差はA条件の方がB条件よりも顕著に大きくなっていた。
⇒このような結果は，「Aという働きかけは，Bという働きかけに比べて，"効果の個人差が大きい"すなわち"そのような働きかけが有効である人とそうでない人の差が激しい"ことを示している」と解釈することができると思います。

・C社から派遣されたヘルパーとD社から派遣されたヘルパーに対する顧客満足度を比較したところ，C社の方がD社よりも，平均値はやや大きく，標準偏差は顕著に大きかった（値が大きいほど満足度が高いものとします）。
⇒平均値が満足度が中程度である値であれば，標準偏差が顕著に小さいということは，すごく満足されたヘルパーがいなかった代わりに，強い不満を抱かれたヘルパーもいなかったと考えられます。したがって，「強い不満を抱かれて苦情が寄せられる事態が発生する可能性が低い」ということを重視するならば，今後，仲介業者がヘルパーの派遣を依頼する際には，「平均値はやや低くても，標準偏差が顕著に小さいD社を採用した方がよい（無難である）」と判断することが妥当だと考えられます。

・EさんとFさんの2人の女性に，同じ20人の男性に対する好意度を評定してもらったところ，平均値は2人とも「好きでも嫌いでもない」という選択肢に近い値であったが，標準偏差はEさんの方が顕著に大きな値であった。
⇒「EさんはFさんに比べ，異性に対する好き嫌いが激しい傾向にある」という解釈ができると思います（ただし，「好悪感情の生じ方に関する個人差ではなく，生じた感情を自覚する過程や自覚した感情を表明する過程の個人差を反映したものである」などという解釈も可能だとは思います）。

以上のようなことを踏まえ，もっと散布度に注目して研究を計画したり結果を解釈したりすることも必要だと思います[3]。

---

[3] 目的に応じて注目すべき統計量が異なるであろうことの例として，松原（2000）の51～55ページも参照してください。

標準偏差とは

　筆者の経験では，統計の授業を受けた人に「標準偏差とは」という質問をすると，たいてい，「測定値の散らばりの大きさの指標」というような解答をします。もちろん，これは間違いではありませんが，「確かにそうだと思うけど，それだけ…？」などと訊くと，困ってしまう人がほとんどです。そして，「散らばりの大きさの指標というだけでは，標準偏差という名まえと結びつかないのでは」と言うと，「あっ，そうか」といった反応を示す人がたくさんいます。

　標準偏差は，確かに測定値の散らばりの大きさ，言い換えれば，分布の広がりの程度の指標だと言える統計量です。しかし，実際には，大ざっぱに言って，「測定値が広範囲にわたって分布している」ということを「測定値が全般に分布の中心から大きく離れたところに位置している」ということに置き換えて定義されています。すなわち，以下の［1-1］式のように定義される**標準偏差**（standard deviation）は，まず「個々の測定値（y_i）と平均値（$\bar{y}$）の差の2乗」についての平均値を算出し，続いてその平方根を求めることによって，2乗する前と同じ尺度（言い換えれば，同じ単位）上の値に戻したものです。したがって，「個々の測定値の，平均値からの偏差についての標準的な値」ということになります（標準偏差は，s ないし SD と表記します）。

$$s = \sqrt{\frac{\sum_{i=1}^{n}(y_i - \bar{y})^2}{n}} \qquad [1-1]$$

　以上のように理解すれば，名称と定義式が結びつくので，式が自然に正しく記憶され，思い出しやすくもなると思います。また，章末の【練習問題1-2】や【練習問題1-3】などに関しても，提示されたデータについて実際に式に代入して計算をしなくても（ということは，式を暗記していなくても），「標準偏差は平均値からの偏差についての標準的な値である」という理解に基づいて推論すれば，簡単に正解できるようになります。さらに，次項で解説す

る「標準偏差の値は，正規分布を描いた図において，どの部分に該当するのか」ということが理解しやすくなり，このことの認識が，後述する標準得点および偏差値や標準化平均値差などの理解につながっていきます。

正規分布を描いた図における標準偏差の値の意味

　標記のことは種々の事柄について理解する上で必要になる基本的かつ非常に重要なことなので，『ごく初歩本』ですでに詳しく説明しましたが，本書でも説明および結論の提示をしておきます。

　まず，各値の多さ・少なさを無視して（言い換えれば，各値の数が等しい分布である一様分布を想定して）考えてみます。そうすると，標準偏差は，「平均値からの偏差についての標準的な値」すなわち「各値が分布の中心から離れている程度についての標準的な値」なのですから，短絡的に考えれば，「"分布の中心からまったく離れていない値の偏差（すなわち，0）"と"分布の中心から最も離れている値の偏差（すなわち，最大値－平均値，ないし，平均値－最小値）"の中間の値」になります。そして，それは，「分布の中心と右端ないし左端の間の間隔の半分（言い換えれば，図1-4の横軸の右半分または左半分の中点と分布の中心の間の長さ）」に相当することになります。ただし，後述するように，標準偏差の定義式は，「個々の値の平均値からの偏差についての絶対値の平均値」ではなく，「個々の値の平均値からの偏差の2乗についての平均値の（正の）平方根」であるため，上記のように短絡的に考えた長さよりも少し長くなります[4]。しかし，ここで問題にしているのは一様分布ではなく，正規分布です。ということは，平均値からの偏差が小さい値ほどたくさんあるわけですから，最終的には上記のように短絡的に考えた長さよりも少し短くなります。そして，結論としては，図1-4に示したように，横軸の右半分または左半分の中点よりもやや内側の点と分布の中心の間の長さ（間隔）が標

　4）すべての値が等しい場合でない限り，「2乗の平均値の平方根」は，「絶対値の平均値」よりも，必ず大きくなります。

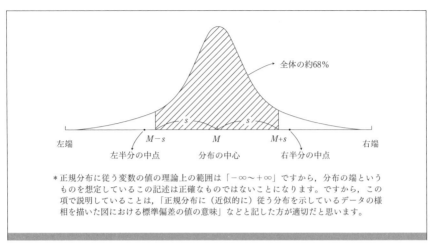

図1-4　正規分布を描いた図における標準偏差の値の意味

準偏差の値に対応したものであることになります。

なお，分布が完全に正規分布に従っている場合には，「平均値－1s～平均値＋1s」の範囲に入る値の割合（図1-4の斜線部の面積の全体の面積に対する割合）は，約68%になります。したがって，正規分布にほぼ従っているデータにおいては，全体の3分の2程度の測定値が「平均値±1s」の範囲にあることになります。

それから，たとえば $\{1,2,3,4,5\}$ という $n=5$ のデータの標準偏差は $\sqrt{2}$ で，約1.4になります。ということは，この場合，「分布の中心と右端ないし左端の間の間隔の半分」は1ですから，一様分布のような分布の場合には，標準偏差の値は，以上の説明から推測される値よりも大きめになります。

$\sum_{i=1}^{n}|y_i-c|$ を最小にする定数 c と $\sum_{i=1}^{n}(y_i-c)^2$ を最小にする定数 c

先に記したように，標準偏差は，「個々の測定値の平均値からの偏差についての標準的な値」という意味をもつ統計量です。ですから，[1-1]式ではなく，「個々の測定値の平均値からの偏差の絶対値についての平均値」であると

して，$\Sigma|y_i-\bar{y}|\div n$ という式で定義した方が直接的でわかりやすいと思います。しかし，実際には，標準偏差は［1-1］式のように定義されています。以下では，これがなぜかに関連することについて説明します。

さて，AさんからZさんまでの26人の体重のデータが得られているとします。ローデータは手元にあるので，26個の測定値の平均値や中央値を算出することはできます。しかし，どの測定値がどの人のものかはわかりません。また，体重以外の変数についてはまったくデータがありません。このようなときに，各自の体重を言い当てることになったとしたら，どうすればよいでしょうか。どのような値を推定値にしたら，推定の外れ度（すなわち，推定の誤差）である「各自の実際の値 y_i と推定値の差」が全般に小さくなるでしょうか。

ここで，26人全体での推定の誤差を，$\Sigma|y_i-$推定値$|$ および $\Sigma(y_i-$推定値$)^2$ と定義してみます。個々人における誤差に関して絶対値ないし2乗にしているのは，たとえば＋2の誤差も－2の誤差も外れている程度は同じであるとともに，そのようにしないと＋の値と－の値が相殺されて，総和が必ず0になってしまうからです[5]。これらは，まさに誤差の合計であり，全体的な誤差の大きさの指標として自然かつ妥当なものだと思います。それから，体重以外にはまったく情報がないのですから，人によって推定値を変えようとしても，できません。ですから，上記の状況では，推定値のところには定数（constant：c）が入ることになります。つまり，「どの人に関しても同じ値を推定値にする」ということです。そして，この定数がどのような値であれば全体的な誤差の大きさの指標である $\Sigma|y_i-c|$ および $\Sigma(y_i-c)^2$ の値が最小になるかを問題にしているのです。

多くの人は，直観的に，「該当するのは平均値だ」と考えるのではないかと思います。もちろん，これはごく自然な推論であり，的外れではないと思います。しかし，実は，$\Sigma(y_i-c)^2$ を最小にする定数は確かに平均値なのですが，$\Sigma|y_i-c|$ を最小にする定数は中央値です。そして，このようなことが，平均値を代表値とする際の散布度が，$\Sigma|y_i-c|\div n$ ではなく，［1-1］式のように定義されていることに関わっているのです。

---

[5] このことについては，『テクニカルブック』の14ページに証明してあります。

なお，前者については『テクニカルブック』の14ページに証明を記しましたが，ここでは，『ちょっと本Ⅰ』や『ちょっと本Ⅲ』で説明することにつなげるための別の説明を以下に記します。また，後者については，南風原（2002）を参考にした説明をします。

● $\sum_{i=1}^{n}(y_i-c)^2$ を最小にする定数 c が平均値であることについて　　まず，$\sum(y_i-c)^2$ を展開すると，$\sum(y_i^2-2cy_i+c^2)$ となります。そして，定数は Σ の内と外に自由に出し入れできるとともに，定数の Σ はその定数をデータ数個足したものなので $n \times$ 定数 になり，上記の式は，$\sum y_i^2 - 2c\sum y_i + nc^2$ となります[6]。ここで，$\sum y_i^2$ と $\sum y_i$ と n はデータから求められる値なので，この式は c の2次関数であることになります。そして，この場合は2次の係数がデータ数（n）なので正であり，2次の係数が正である2次関数の値が最小になる c の値は，その関数を c について微分した式の値を0とした方程式を解くことによって求められます[7]。具体的には，微分した式は $-2\sum y_i + 2nc$ となり，これを0と置くと，$c=(\sum y_i)\div n = \bar{y}$ となります。

● $\sum_{i=1}^{n}|y_i-c|$ を最小にする定数 c が中央値であることについて　　これについては，例証と言った方がよいであろう説明をします。たとえば，$\{1,2,4,7,9\}$ という $n=5$ のデータがあったとします。中央値は4です。したがって，$\sum|y_i-c|$ の c が中央値だとすると，この式の値は $3+2+0+3+5=13$ となります。次に，c の値を中央値よりも少しだけ大きな値にします。たとえば，$c=4.1$ だとしましょう。そうすると，中央値よりも大きな測定値である

---

[6] Σ を使った式を展開するために必要な基本的知識に関しては，高校の数学の教科書や『テクニカルブック』の10〜13ページを参照してください。ただし，ここの証明が理解できなくても，本書や『補足本Ⅱ』以降の内容を理解する上でほとんど支障はありません。理解できない場合は，とりあえず「そうなるのか」などと思っておいて，読み進めてください。

[7] 微分というものは，当該の関数の変化の様相（ここでは，c と $\Sigma(y_i-c)^2$ の値の対応関係）を示したグラフ上の各点における接線の傾き（の式）を求めるためのものです。ですから，微分した式の値を0とした方程式を解くということは，接線が横軸と平行になるところの c の値を求めることになります。そして，ここでの関数は2次の係数が正である2次関数なのですから，グラフは上開きの放物線であり，その接線の傾きが0であるところということは，$\Sigma(y_i-c)^2$ の値が減少から増加に変わる，最小値のところであることになります。これらについての基礎的な学習が必要な人は，高校の教科書などで自習してください。

7と9の2個に関してはcの値がそれらに0.1近づいたので$|y_i-c|$の値が0.1ずつ小さくなりますが，残りの3個の測定値に関してはcの値がそれらから0.1離れたので$|y_i-c|$の値が0.1ずつ大きくなります。したがって，全体としては$|y_i-c|$の値は0.1大きくなります。そして，cの値をさらに大きくしていった場合，$|y_i-c|$の値が大きくなる測定値の個数の方が小さくなる測定値の個数よりも多いので，$\Sigma|y_i-c|$は必ず大きくなります。また，同様に，cの値を中央値よりも小さくしていった場合にも，中央値よりも大きい測定値と小さい測定値のどちらが$|y_i-c|$の値が大きくなるかが変わるだけで，$|y_i-c|$の値が大きくなる測定値の個数の方が$|y_i-c|$の値が小さくなる測定値の個数よりも多いことは変わらないので，cの値が中央値から離れていくほど$\Sigma|y_i-c|$は大きくなります。以上のことから，$\Sigma|y_i-c|$を最小にする定数cは中央値であることになります。

■■■ちょっと余分な話1 ||||||||||||||||||||||||||||||||||||||||||||||||||||||||||||||||||||||||||||||||||||■

「平均値（SD）」という表記について

8ページで説明したように，標準偏差（散布度）の小ささは平均値（代表値）の信頼性の高さを表わしていますので，両者は，通常，セットで記述されます。そして，その際に，表などにおいて「平均値（SD）」という記述をしているものをよく見かけます。読者のみなさんは，このような記述に違和感を覚えないでしょうか。筆者は，素直ではないたちが災いしてか，「なぜ一方は漢字表記で，他方は記号表記なのか」と思ってしまいます。大げさに言えば，慣習を無批判に受け入れてしまっている姿勢の表われであるようにも思われます。「平均値（標準偏差）」とか「M（SD）」などと統一した記述にした方が適切ではないでしょうか。

||||||||||||||||||||||||||||||||||||||||||||||||||||||||||||||||||||||||||||||||||||||||||||||||||||||

変動と分散

　本書では，10ページの［1-1］式の$\sqrt{}$の中の分子である，「個々の測定値の平均値からの偏差の2乗の総和」を**変動**（variation）と呼ぶことにします。一般的には，式の内容そのままに**偏差平方和**と言ったり，単に**平方和**（sum of squares）と言ったりします。そして，『ちょっと本Ⅱ』などで説明する分散分析などにおいては，sum of squares の of 以外の単語の頭文字を使って SS と略記されます。また，変動をデータ数で割った値である，「個々の測定値の平均値からの偏差の2乗の**平均値**」を**分散**（variance）と言います（分散は，s^2 と表記します）。変動も分散も標準偏差と同様に「測定値の散らばりの大きさの指標」となるものですが，変動は「偏差の2乗の総和」ですから，当然，データ数が多いほど大きくなります。それに対して，分散は，測定値1個あたりの平均値からの偏差の2乗ですから，基本的にデータ数の影響を受けません。それから，変動も分散も，個々の測定値と平均値の差を2乗したものに関する値ですから，図1-5のように各測定値および平均値を数直線上にプロットしたときの，個々の測定値に対応した点と平均値に対応した点を結ぶ線分を一辺とする正方形の面積に関するものであることになります。したがって，データがcm単位の長さに関するものであるとすれば，変動と分散の単位はcm^2であることになり，測定値とは異なる単位上の値であることになります。これに対して，標準偏差は，分散の平方根なのですから，単位は測定値と同じ cm です。

　変動，平方和，分散といった用語は，今後，いろいろなところに出てくる基本的なものなので，しっかり覚えておいてください。

　なお，標準偏差を算出する機能が付いた関数電卓や統計ソフトを用いて標準偏差を求めた場合，その値を2乗すれば分散になりますし，分散をデータ数倍すれば変動が求まります[8]。このような自明のことをあえて記しているのは，

---

[8] SASやSPSSやRなどの統計ソフトでは，［1-1］式の分母を，n ではなく，$n-1$ とした値が標準偏差として算出されます。これがなぜなのかについては『補足本Ⅱ』で説明しますが，このような場合には，もちろん，分散を「データ数 −1」倍したものが変動です。

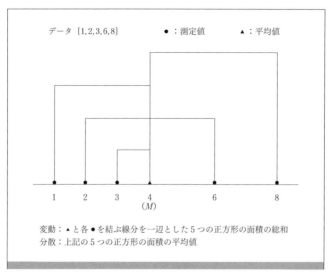

図1-5　変動と分散

「各分析法の意味ないし論理について理解するために，試しに作ったデータなどについて電卓を使って実際に計算をしながら確認をする」というような地道な学習をする際に，上記の逆算をする必要が多々あるからです。そして，『ちょっと本II』などにおいても，今後そのような確認をしながらの説明をします。それから，多くの場合，平均値と標準偏差は論文などに記されていますが，それらの値から別のなんらかの統計量の値（たとえば，4章で解説する標準化平均値差や，『補足本II』で解説する優越率，『ちょっと本I』で解説する相関比など）を自分で算出してみると，そのデータについてより豊かな解釈をすることができるようになります。そして，そのような際にも，上記の逆算が必要になります。

歪度と尖度

1つひとつの量的変数に関するデータの特徴について数値要約をする際の観点，言い換えれば，得られたデータの「分布の特徴」を記述する際にどのよう

な面の特徴に注目するのかに関しては，通常，代表値，散布度，歪度，尖度の4つが取り上げられています。そして，これらは，分布の位置を記述するためのものと分布の形を記述するためのものに大別されます。具体的には，「度数が最も多い測定値」という意味の代表値である最頻値のようなものは別として，代表値と散布度は，「分布の中心的な位置がどこで，そこを中心にして測定値がどの程度散らばっているか」という，分布の位置を記述するためのものです。すなわち，代表値の値と散布度の値を知ることにより，各測定値を数直線上にプロットしたときの，描かれた点の全体的な位置がおおよそ推測できることになります。ですから，ローデータのすべてを提示したり，相対的に大きな紙面を必要とする図の提示をしたりしなくても，これらの値を提示するだけで，論文や報告書の読者にも分布の位置がおおよそ推測できるわけです。

これに対して，分布の形を記述しているのが**歪度**（skewness）と**尖度**（kurtosis）です（それぞれ，Sk, Ku と表記します：α_3, α_4 と表記されることもあります）。たとえば，同じ変数に関する次の6つのデータを比べてみましょう（データ数は，いずれも14です）。

データA　{1, 2, 3, 3, 3, 4, 4, 4, 4, 5, 5, 5, 6, 7}
データB　{2, 2, 2, 2, 4, 4, 4, 4, 4, 4, 6, 6, 6, 6}
データC　{0, 4, 4, 4, 4, 4, 4, 4, 4, 4, 4, 4, 4, 8}
データD　{2, 2, 3, 3, 3, 3, 3, 4, 4, 5, 5, 6, 6, 7}
データE　{2, 3, 3, 3, 4, 4, 4, 4, 4, 4, 4, 4, 4, 9}
データF　{1, 2, 2, 3, 3, 4, 4, 5, 5, 5, 5, 5, 6, 6}

これらの平均値と標準偏差は，すべて 4.0, 1.5 です。つまり，どのデータも，分布の中心が 4.0 のところで，各測定値が 4.0 からどの程度離れたところに位置しているかに関する標準的な値が 1.5 くらいである，ということです。BよりもCの方が値の範囲が広いので散らばりの程度が大きいように思われるかもしれませんが，CはBに比べて平均値からの偏差が0である測定値が多いので，平均値からの偏差の標準的な値は等しくなります。

さて，A～Fは，分布の位置に関しては異なっていませんが，図1-6を見

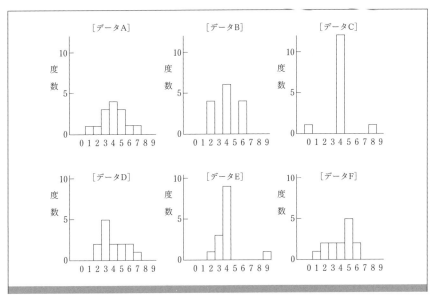

図1-6　平均値と標準偏差が等しく，歪度 and/or 尖度が異なる分布の例

れば一目瞭然であるように，分布の形が異なっています。具体的には，AとBとCは左右対称形であるのに対して，DとEとFはそうではありません。そして，DとEは分布の中心よりも値が小さい測定値の方が大きい測定値よりもたくさんあって，その分，大きい側の測定値は平均値からの偏差の絶対値が全般に大きくなっています。そのため，分布の様相を図示すると，左に偏った，右のすそ野が長い形になります。これに対して，FはDおよびEとは逆の傾向を示していて，右に偏った，左のすそ野が長い分布になります。また，EはDよりも，右のすそ野が長くなっている傾向が顕著です。以上のような面での分布の形の違いを記述しているのが歪度です。

　ここで，「歪み」ということを問題にするのですから，「（分布が）歪んでいない状態」についてどう考えるかを定めておく必要がありますが，統計学では左右対称形を「歪んでいない状態」だとみなしています。そして，歪度は，分布の形が左右対称形になっているときに値が 0 になるように式が定義されています。また，上記のDとEのように，左に偏った，右のすそ野が長い分布である（すなわち，極端な場合で言えば，平均値からの偏差の符号が正である側

の外れ値が存在する）場合に正の値になり，Fのように，右に偏った，左のすそ野が長い分布である（すなわち，極端な場合で言えば，平均値からの偏差の符号が負である側の外れ値が存在する）場合に負の値になるようになっています。さらに，「左右対称形からの逸脱が激しい」という意味で歪みが顕著であるほど（すなわち，DよりもEの方が）絶対値が大きくなるようになっています（具体的には，上記のA〜Fのデータの歪度は，それぞれ，0, 0, 0, 0.56, 2.65, −0.56になります）。

なお，$\{0, 3, 4, 6, 7, 11, 11\}$というデータは，分布の形は左右対称ではありませんが，歪度の値が0になります。すなわち，上記のように，左右対称形の分布に関しては歪度は0になりますが，「逆は必ずしも真ならず」であり，「歪度が0であるからといって左右対称形の分布になっているとは限らない」ということです。

次に，尖度についても簡単に説明しておきます。尖度は，「値が分布の中心に集中していて，ヒストグラムや度数ポリゴンにおいて中央が突出している程度」と言えるものです。歪度が同じであるA，B，Cを比べた場合，Cが分布の中心が最も尖った形をしていること，および，Bの方がAよりも尖っていない（言い換えれば，平たんである）ことが図1-6からわかると思いますが，これらを反映して，A，B，Cの尖度は，それぞれ，0.20，−1.26，6.50になります。それから，「すべての測定値が同じ値である場合が最も中央が突出していることになる」と思ってしまう人がいるかもしれませんが，このような場合は，測定値がまったく散らばっていないのですから，そもそも分布の中心というものについて考えることができません。ですから，尖度の値を求めることはできません。

歪度と尖度に関しては，4章で，定義式を示した上で，これらの値の意味についてもう少し詳しく説明します。ただし，筆者の経験では，実際の研究において尖度に注目する必要性は高くないと思われるので，主に歪度について取り上げます。

負の値がないデータにおいて「平均値 < 標準偏差」になることはあるか？

　図1-4に示したことから考えると，正規分布に近似した分布をしているデータにおいては，平均値は，「（分布の最も左側に位置する値である）最小値＋標準偏差の2倍ちょっと」くらいの値になるはずです。ですから，頻度や人数などのように負の値にはなり得ない変数に関するデータや，もともとはなり得ても，収集されたデータにおいて負の値がなかったデータでは，最小値が0以上なので，分布が正規分布にほぼ従っていれば，平均値は標準偏差の2倍よりも大きな値になります。また，一様分布に類した分布をしているデータでも，標準偏差は，「平均値からの偏差についての標準的な値」なのですから，平均値からの偏差の最大値である「分布の中心と右端ないし左端の間の間隔」よりも大きくなることはありません。ですから，このような場合にも，データに負の値がないのであれば，平均値が標準偏差よりも小さくなることはありません。

　しかし，次のようなデータでは，どうでしょうか。

　　　{ 0, 0, 0, 0, 0, 0, 0, 0, 0, 10 }

これは，10人の生徒が10点満点のテストを受け，1人だけ満点で，残りの9人がすべて0点だったような場合です。このデータについて平均値と標準偏差を算出すると，平均値が1で，標準偏差が3になります。つまり，負の値がないにもかかわらず，「平均値<標準偏差」になっています。それから，このデータにおける10という値は，残りの値がすべて0なのですから，外れ値だと判断してよいでしょう。すなわち，このデータは，「正の方向に顕著に歪んだ分布をしている」と言えるものであり，歪度の値は3.16になります（4ページで例示したある会社の11人の社員の給料に関するデータでも，「平均値（50.0）＜標準偏差（82.6）」となります）。

　以上のことから，次のようなことが推論されます。それは，「負の値がない

データにおいて標準偏差が平均値よりも大きくなったら，そのデータの分布は正の方向に顕著に歪んでいる」ということです。ですから，このような場合には，t検定や分散分析を行なって複数の条件の平均値を比較したり，2つの量的変数の関係について検討する際にピアソンの相関係数を用いたりするのは適切ではないことになります。しかしながら，現実には，負の値がないデータにおいて「平均値＜標準偏差」（もしくは，「平均値－最小値＜標準偏差」）になっているにもかかわらず，このような分析を行なっている研究が散見されます。この項に記していることについては，自身の研究遂行において留意するとともに，他者が書いた論文などをクリティカルに読むためにも留意しておいてください。

　なお，以上に例示したものとは逆に，最大値と平均値の差よりも標準偏差の方が大きい場合には，分布が負の方向に顕著に歪んでいることになります。これは，具体的には，10人の生徒が10点満点のテストを受け，1人だけ0点で，残りの9人がすべて満点だったような場合であり，この場合，平均値は9，最大値と平均値の差は1，標準偏差は3になります。そして，このような場合にも，外れ値の影響を大きく受けやすい，平均値やピアソンの相関係数などの統計量を用いた分析は不適切であることになります。

■■■ちょっと余分な話2 ||||||||||||||||||||||||||||||||||||||||||||||||||||||||||||■

分布の歪みが顕著なデータの例

　少し古いデータですが，筆者が関わった研究である豊嶋（1991）では，ある中学校の2年生の2つのクラスに4台ずつのビデオを設置させてもらって，各生徒が授業中にどのくらい私語をするのかについて観察・測定し，その規定因などに関する検討を行ないました。観察した授業は，いずれのクラスも，国語，数学，社会，英語，3時間ずつの計12時間で，私語についての研究であることは先生方にも生徒にも伏せてありました。それから，すべての授業においてどれかのビデオに映っていて分析の対象になった生徒の数は，2クラス合わせて46人でした。そして，ビデオを何度も再生して，「周囲と話をすることを先生が許容してい

たと判断される場面でのものはカウントしない」,「"生徒 A が生徒 B に話しかけ,それに B が応え,さらに,それに A が応える",……,などといった一連の事象に関しては,何回やりとりがあっても,A についても B についても "1 回,私語をした"とカウントする」という基準で,1 人ひとりの生徒の12時間全体での私語の回数を測定しました。さあ,最大値は何回くらいだったと思いますか。また,1 回も私語をしなかった生徒は何%くらいいたと思いますか。

おそらく多くの読者が驚くかと思いますが,最大値は203回でした。教壇から見て左奥に座っていた生徒でしたが,「ビデオが設置されていたので,おもしろがって,わざといつも以上にしていたのではないか」と思うほど頻繁に私語をしていました。一方,0 回だった生徒はどのくらいいたかというと,ほぼ50%でした。また,9 割程度の生徒が10回未満でした。すなわち,このデータは,極端に左に偏った,右のすそ野が長い,顕著に正の方向に歪んだ分布をしていたのです。

筆者の経験では,以上の例に限らず,ディズニーランドに行った回数とかミシュランガイド掲載店に行った回数や親友だと思う知人の数などといった頻度や人数に関するデータは,顕著に正の方向に歪んだ分布を示すことがよくあります。また,時間,お金,放射能の量や血液中に含まれるなんらかの物質の量などの生化学的な変数も,歪度 $\gg 0$ になることが多いと思います。ですから,これらの変数に関するデータを扱う際には,分布の歪みに特に留意しておく必要があると思います。

1章　練習問題

各練習問題の前に付けてある記号の意味については，『添付冊子』の25ページの脚注13)の最後をご覧ください。

【練習問題 1-1】 1950年から20年ごとに日本の男子高校生の平均身長を調べたところ，以下のような結果になったとします。「日本の男子高校生の身長は非常に伸びている」という印象を強く与えるであろう図を，このデータに基づいて作成してください。ただし，偽りのデータの提示やデータの隠蔽をしてはいけません。

　1950年：159.7cm,　1970年：163.4cm,　1990年：169.1cm,　2010年：173.5cm

●**【練習問題 1-2】** $\{1,1,3,3\}$ という $n=4$ のデータの標準偏差の値を，「データの値を式に代入して計算をする」といったことをせずに，標準偏差の意味に基づいて推論してください[9]。

●**【練習問題 1-3】** 次の3つのデータの標準偏差の大小関係について，【練習問題1-2】と同様に，「データの値を式に代入して計算をする」といったことをせずに推論してください。

　　A $\{1,3,5\}$,　B $\{1,3,3,5\}$,　C $\{1,1,5,5\}$

---

9) 『このシリーズ本を読んでいただくにあたって』（添付冊子）にも記したように，本書における練習問題は，一部の例外を除いて，電卓なども含め，持ち込みいっさい不可のテストにおける問題であることを想定したものです。また，基本的には，種々の統計量の定義式ないし計算式を覚えていなければ正解できないものではありません。ですから，通常は「データの値を式に代入して計算をする」といったことをせずに解答しようとしてください。

○【練習問題1-4】 平均値が55で，標準偏差が15であり，ほぼ正規分布に沿った分布をしている，データ数が非常に多いデータがあるとします。このデータの分布を，以下の数直線上に，2ページの図1-1のように描いてください。

＊分布の位置を，提示した平均値と標準偏差の値になるべく正確に合致させてください。

【練習問題1-5】 次の6つのデータの歪度の大小関係について直観的に推論してください。

　　A {0, 0, 0, 1, 4, 1, 0, 1, 0, 0}，　B {0, 1, 1, 0, 0, 2, 0, 0, 1, 0}
　　C {0, 0, 0, 4, 0, 0, 0, 0, 0, 0}，　D {0, 5, 4, 2, 5, 5, 4, 5, 5, 3}
　　E {0, 1, 2, 4, 5, 3, 2, 3, 1, 4}，　F {0, 4, 3, 0, 1, 2, 1, 2, 3, 0}

○【練習問題1-6】 次の4つの条件を満たす，量的変数 y に関する2つの集団のデータの分布を1つの図の中に示してください。

① $s_2 > s_1$ （s_1, s_2 は，それぞれ，集団1，集団2の標準偏差；以下，平均値についても同様です）
② $\dfrac{\bar{y}_1 - \bar{y}_2}{s_1} = -2$
③ 集団1の分布は，ほぼ正規分布に従っている。
④ 集団2の分布の歪度は負で，単峰形（峰になっているところが一箇所の分布）である。

＊②の条件を満たすように図が描かれていることがわかるように，式中に含まれているすべての統計量の値が図中のどこに位置しているのかを示してください。

▶【練習問題1-7】 平均値が5，標準偏差が2，歪度が0になる，$n = 5$のデータを考えてください。ただし，測定値はすべて整数だとします。

＊この問題と次の問題は，標準偏差の式（すなわち，標準偏差が各測定値の平均値からの偏差の2乗についての平均値の正の平方根であること）を正しく認識していることを前提にしたものです。ですから，それを覚えていないという人は，10ページの［1-1］式を参照しながら考えてください。

▶【練習問題1-8】 平均値が5，標準偏差が2，歪度が正になる，$n = 6$のデータを考えてください。ただし，測定値はすべて整数だとします。

【練習問題1-9】 コナン君が通っている男子高では，これまでにつきあったことがある女性の人数に関する全校アンケート調査が行なわれました。その結果，コナン君のつきあった人数は学校全体の平均値よりも少なかったので，コナン君は，『あーあ，やっぱりボクは，もてない方なんだ』とがっかりしました。このようなコナン君の考えに対して，適切であろう統計用語を用いて，『そうとは限らないよ。こうかもしれないよ』というアドバイスをしてあげてください。ただし，データの集計結果に誤りはないものとします。また，「他の多くの生徒が見栄を張った回答をしたのでは」などといった測定の妥当性に関する事柄は不問とします（何をもって「つきあった」というのかが曖昧である，などということも不問とします）。

＊「統計用語を用いたらコナン君にはわかりにくいのでは…」といったことも考慮せずに考えてください（＾＾）。

◐【練習問題1-10】 しんのすけ君は，100人の生徒が受験した3つの教科のテストのいずれにおいても，最高点よりも20点低い点を取りました。また，各教科の最高点はすべて同じ点数で，得点の範囲もすべて70点でした。そして，教科1と教科2は，標準偏差，歪度の絶対値，尖度はまったく同じ値で，歪度は，教科1が正で，教科2が負でした。さらに，教科3は歪度が0であり，標準偏差は教科1，教科2とほぼ同じ値でした。これらについて，次の①～④の問いに答えてください。

① 平均値は，どの教科が一番大きいでしょうか。
② 教科2の平均値と中央値の大小関係を推論してください。
③ 教科3の平均値は，しんのすけ君の点数よりも何点大きいまたは小さい（可能

性が高い）でしょうか。
④　しんのすけ君の順位が最も上位であったのは，どの教科でしょうか。

【練習問題 1–11】　次のデータは，「日本の四季の中でいつが最も好きか」を，日本人，日本在住のアメリカ人，韓国人，ネパール人，ドイツ人，20人ずつに質問した結果を集計したものです。これらについて，下の①〜③の問いに答えてください。

　　日本人　　　春：5人，夏：5人，秋：5人，冬：5人
　　アメリカ人　春：7人，夏：4人，秋：4人，冬：5人
　　韓国人　　　春：10人，夏：2人，秋：6人，冬：2人
　　ネパール人　春：20人，夏：0人，秋：0人，冬：0人
　　ドイツ人　　春：10人，夏：0人，秋：10人，冬：0人

①　散布度が2番目に大きいのは，どこの国の人のデータでしょうか。
②　日本人のデータは，散布度に関して，どのようなものだったと言えるでしょうか。
③　ネパール人のデータは，散布度に関して，どのようなものだったと言えるでしょうか。

2章　2つの変数の関係についての分析
：『ごく初歩本』の3章と4章の補足

2つの変数の間に関係があるとは

　ちまたでは「(ABO式の)血液型と性格の間に関係がある」ということがよく言われますが，筆者は，大学の講義や講演などで，このような言説に対して批判的に吟味できるようになってもらうための話をしています。では，血液型と性格に関するデータがどのようになっていれば，両者の間に関係があることを主張するための根拠になるのでしょうか。

　この場合，「血液型が何型であるかによって性格が異なっている」ということが想定されているはずです。すなわち，血液型が何型であるかによって，「○○な性格の人は多くて，××な性格の人は少ない」などといった，性格に関するデータの分布が異なっているならば，「血液型と性格の間には関係がある」と主張できることになります。また，性格に関する変数が神経質な程度というような量的変数である場合にも，「A型では神経質な程度が高い人が多くて，神経質な程度が低い人は少ないのに対して，B型では…」といったことが示されれば，血液型と神経質な程度の間に関係があることになります。さらに，上記の例の血液型に対応する変数が質的変数ではなく量的変数である場合も同様であり，塩分摂取量が「多い人」，「中程度の人」，「少ない人」といった塩分摂取量の多さが異なる複数の群の間で血圧の高さに関するデータの分布が

異なっていれば，塩分摂取量と血圧の高さの間には関係があると言えます。すなわち，一般的に言えば，一方の変数の値によって他方の変数の分布が異なっている場合，それらの変数の間には関係があることになり，逆に，分布が異なっていない場合，関係がないことになります。

ただし，血液型と性格の関係に関する例で言えば，A型とB型とO型とAB型の人の人数が等しいとは限らないので，○○な性格の人や××な性格の人の人数（度数）そのものの血液型による違いが問題になるのではなく，性格に関する変数の各値の相対度数（すなわち，比率）の違いが問題になります。すなわち，表2-1に示した，いずれの変数も値が2つしかない，最も基本的な例で記述するならば，男性における賛成である人と反対である人の人数比と女性における賛成である人と反対である人の人数比が問題になるのです。そして，このような人数比が男女間で異なっているとき，性別（という変数）と憲法改正に対する意見（という変数）の間には関係があることになります（どの程度異なっていれば関係があると言えるかに関しては『補足本II』の6章で論じるので，ここでは問題にしないことにします）。また，逆に，$n_{11}:n_{12}=n_{21}:n_{22}$ である場合（したがって，外項の積＝内項の積で，$n_{11}n_{22}-n_{12}n_{21}=0$ である場合），性別と憲法改正に対する意見の間には関係がないことになります。さらに，この場合の分布の様相である「各値の度数の比率」に最も大きな性差がある状態というのは，賛成率または反対率が100％異なる，「男性は全員が賛成で，女性は全員が反対」の場合と「男性は全員が反対で，女性は全員が賛成」の場合であり，これらを数式を用いて表わすと，$n_{12}=n_{21}=0$ または $n_{11}=n_{22}=0$ であることになります。そして，データがこれらのいずれかの状態になっていれば，2つの変数の間に完全な関係が存在していることになります。

それから，2つの量的変数の関係が，図2-1の(a)や(b)のように「一方の変数の値が大きいほど，他方の変数の値も全般に大きい（ないし，他方の変数の値は全般に小さい）」という単純な直線的なものであれば，一方の変数の値による他方の変数の分布の違いは，値の全般的な大きさの指標である平均値や

表2-1　2×2のクロス表の例と各セルの度数についての記号

		憲法改正に対する意見	
		賛成	反対
性別	男	n_{11}	n_{12}
	女	n_{21}	n_{22}

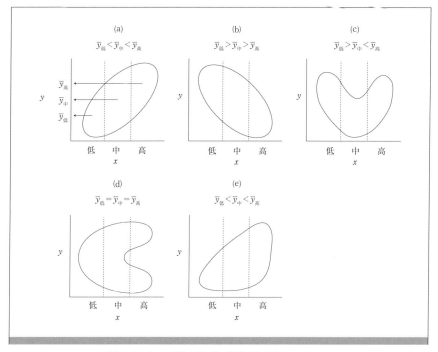

図2-1　2つの量的変数の間に関係がある種々のパターン

中央値などの代表値の違いに反映されるので，それに置き換えて考えることができます。また，図2-1の(c)のような曲線的な関係の場合にも，変数xの値によって全体を「高群」，「中群」，「低群」といった3つ以上の群に分けて，それらの群間で変数yの代表値を比較したときに差が認められれば，xとyの間に関係があることになります（図2-1のような図を，**相関図**または**散布図**：scattergramと言います）。

ただし，このような分析の仕方がいつも妥当であるわけではありません。なぜならば，1章で論じたように，分布の特徴は代表値だけで記述されるものではないからです。たとえば，図2-1の(c)のxとyを入れ替えたものである(d)のようなケースでは，xの値によって全体を複数の群に分けて，それらの群間でyの平均値を比較すると，差は認められません。しかし，xの値が小さい群ではyの値は中程度のところに集中して分布しているのに対して，xの値

が大きい群ではyの値には中程度のものがなく，大きい側と小さい側の両極に分かれて分布しています。すなわち，一方の変数の値によって他方の変数の分布が異なっています。ですから，このような場合にもxとyの間には関係があると言えます。また，(e)のようなケースでは，xの値に関する群によってyの平均値に違いが認められますが，そのことを示すだけでは，この場合の関係の様相を的確に記述したことにはなりません。なぜならば，このケースでは，xの値が大きいほど，yの代表値が大きくなっているだけでなく，yの散布度も大きくなっているからです。

　以上のように，2つの変数の間に関係があるというのは，一方の変数の値によって他方の変数の分布が「なんらかの面で」異なっている状態であることになります。

　さて，以上のことを踏まえるならば，たとえば，身長の性差について分析するということは，性別という質的変数と身長という量的変数の関係について検討していることになります。「なぜ，そんな自明のことをわざわざ言うのか」などと思う人がいるかもしれませんが，筆者の経験では，このことを明確に認識していない初学者の人たちがたくさんいるように思います。そして，そのような認識不足が，種々の分析法を関連づけて，それらを統合的に理解することができていないことの一因になっていると推察されます。このような思いがあることが，この項をあえて設けた理由の1つです。

　なお，図2-1の(d)と(e)のケースに関して記したことは，xが質的変数の場合にも該当します。それから，(d)や(e)のようなケースはあくまで架空のものであり，現実と乖離していると思う人がいるかもしれません。しかし，筆者が関わった矢野（2006）や菊原（2005）のデータには，図2-2，図2-3のような関係を示すものが多々あります。また，筆者は，社会心理学者の山岸俊男氏の講演において，さまざまな国の人々の平均的な「個人主義－集団主義」傾向と他者一般を信頼する傾向の間の関係に関する（各々の国がプロットされる対象である）相関図を何度か拝見しましたが，その様相は，「集団主義傾向が全般に高い国においては他者一般を信頼する傾向がたいてい低く，他者一般を信頼する傾向に関する得点の平均値の国家間の差異が小さいが，個人主義傾向

が高い国においては他者一般を信頼する傾向が高い国とあまり高くはない国が存在し，他者一般を信頼する傾向に関する得点の平均値の国家間の差異が大きい」というものでした。ですから，筆者は，(d)や(e)のようなケースは，認識されていないだけで，実際にはけっこう存在しているのではないかと思ってい

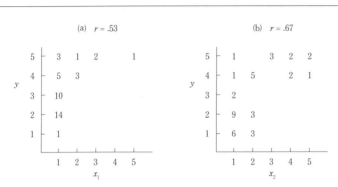

- 8人の小学校の先生に，各自が接したことがある40人の高学年の児童の1人ひとりの人間関係について評定してもらったデータの一部（(a)と(b)は，異なる先生のデータ）です。

〔評定項目の内容〕
y：個々の児童が形成している人間関係の問題性についての総合判断（総合的に考えて，人間関係（ないし，他の子との接し方）に，どのくらい問題があったと思うか）
x：個々の児童の種々の側面における人間関係の状態に関する評定
  x_1：他の子の話を聞かない，x_2：まわりの子と口論をする（先生によって数が多少異なりますが，実際には，各児童について，23以上の項目に関して評定をしてもらっています）

〔回答の際の選択肢〕
y：ものすごく問題があった（5），かなり問題があった（4），わりと問題があった（3），少し問題があった（2），まったく問題がなかった（1）
x：ものすごくあてはまる（5），かなりあてはまる（4），わりとあてはまる（3），少しあてはまる（2），まったくあてはまらない（1）

- 図中の数値は，各位置に該当する評定をされた児童の人数であり，その合計は各先生が評定をした児童数である40になります。

　(a)では，「他の子の話を聞かない」ということが「まったくあてはまらない」と認知している児童については，人間関係の問題性についての総合判断に関して多様な評定がなされていますが，「他の子の話を聞かない」という傾向が少しでも該当すると認知している児童については，その程度にかかわらず，総合判断が「ものすごく問題があった」という側に顕著に偏っており，散らばりがほとんどみられません。すなわち，「他の子の話を聞かない」という傾向が多少でもあてはまると認知することが「総合的に考えて，人間関係にものすごく問題があった」と判断することの十分条件になっていると解釈される関係が示されています。そして，(b)でも，総合判断が「ものすごく問題があった」という側に顕著に偏っているところとそうではないところのxの値の境目が異なりますが，基本的には同様の傾向が示されています。

　ただし，因果関係については，必ずしも「個々の側面における人間関係の状態についての認知→人間関係の問題性についての総合判断」というものであるとは限らないと思います（このことについては，後述の「相関関係と因果関係」の項を参照してください）。

図2-2　一方の変数の値によってデータを複数の群に分けて，それらの群内で他方の変数の代表値を比較する分析では，関係を的確に記述できないデータの実例Ⅰ（矢野，2006のデータを借用して掲載）

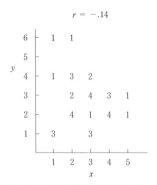

- 8人の大学生に，最も多い人で50人の知人との人間関係について評定してもらったデータの一部（ある1人の回答者のデータ）です。
  〔評定項目の内容〕
  y：各々の知人と接する際に「愛想笑いをする程度」（実際には，各知人について，この項目を含め，30項目に関する評定をしてもらっています）
  x：各々の知人との「関係の親密さ」
  〔回答の際の選択肢〕
  y：ものすごくあてはまる（6），かなりあてはまる（5），わりとあてはまる（4），あまりあてはまらない（3），ほとんどあてはまらない（2），まったくあてはまらない（1）
  x：親友（5），親友か（親友とは言えない）友人か迷う人（4），友人（3），友人か（友人とは言えない）知り合いか迷う人（2），知り合い（1）
- 図中の数値は，各位置に該当する評定をされた知人の人数であり，この回答者の場合，その合計は34です。

> 関係の親密さが高いほど愛想笑いをする程度の散らばりが小さくなっていて，親友かそれに近い人に対しては「愛想笑いをする程度が低い」ところに値が集中して分布しています。ただし，この大学生の場合，親密な人に対しては，「愛想笑いをすることがまったくない」という接し方にはなっていないようです。また，相関係数の値からもわかるように，この場合，「関係の親密さが高いほど，愛想笑いをする程度の平均値が低くなる」という傾向はほとんど認められません。

図2-3　一方の変数の値によってデータを複数の群に分けて，それらの群間で他方の変数の代表値を比較する分析では，関係を的確に記述できないデータの実例Ⅱ（菊原，2005のデータを借用して掲載）

ます。そして，曖昧模糊とした面を多分に有しているであろう人間の心というものを研究対象にしている心理学的研究においては，(d)や(e)のような関係の存在を見いだすことは妙味あることだと思います。

分布の様相を把握した上で分析することの必要性

2つの量的変数の関係について検討する際には，一般に，後述の相関係数の算出が行なわれています。しかし，図2-1の(c)のようなケースでは，xとy

の間に(曲線的な)関係があるにもかかわらず,相関係数の値は0になります(理由については,【練習問題2-3】,【練習問題2-5】などを参照してください)。そのため,このようなケースにおいては,前項に記したように,一方の変数の値によって全体を3つ以上の群に分けて,それらの群間で他方の変数の代表値を比較する分析などが行なわれます。それから,(d)や(e)のようなケースでは,以上のいずれの方法で分析しても関係の様相を的確に記述することはできません。

このように,各々のケースの関係の様相に適した数値要約の方法を選択するためには,まずは相関図を作成して,分布の様相について視認することが大切になります。ルーチンになっている統計量の算出のみを機械的に行なうのは禁物です。おかしな表現かもしれませんが,得られたデータと相談しながら主体的に考える姿勢をもってほしいと思います。

相関係数と共変動,共分散

次の[2-1]式は,2つの量的変数の関係について数値要約をする際に一般に用いられている統計量である,**ピアソンの相関係数**(Pearson's correlation coefficient)の定義式です(通常,ただ相関係数と言うときには,このピアソンの相関係数のことを意味します)。慣習的に r と表記されていますが,この由来については,『ちょっと本I』の1章で説明します。

$$r = \frac{\sum_{i=1}^{n}(x_i-\bar{x})(y_i-\bar{y})}{\sqrt{\sum_{i=1}^{n}(x_i-\bar{x})^2}\sqrt{\sum_{i=1}^{n}(y_i-\bar{y})^2}} \quad [2-1]$$

さて,[2-1]式の分子である,x と y の各々における各測定値の平均値からの偏差の積の総和を,**共変動**(covariation)と言います。また,共変動をデータ数で割った,偏差の積の平均値を,**共分散**(covariance)と言います(共分散は,s_{xy} と表記します)。いずれも,測定値の対象間の変化ないし差異に関して2つの変数の間に明確な1次関数的対応関係がある(たとえば,一方

の変数の測定値が大きい対象ほど他方の変数の測定値も大きいという共変関係が顕著に存在している）場合に絶対値が大きくなる統計量です[1]。

ただし，共変動は，偏差の積の総和ですから，（基本的に任意である）データ数によって値が大きく左右されます。また，共分散も，値がデータの単位に左右されるという，望ましくないであろう面を有しています（たとえば，身長と体重の関係について検討する際に，各々の単位を cm にするか m にするか，kg にするか ton にするかによって値が変わってしまいます：＾＾）。これに対して，［2-1］式や以下の［2-2］式によって定義される相関係数は，分子と分母の単位が同じなので，単位がなくなって，データの単位に左右されない統計量であることになります。また，$-1 \leqq r \leqq +1$ というように一定の範囲をとる値にもなります[2]。

なお，［2-1］式の分子と分母をデータ数で割ると，［2-2］式のようになります（多くの人にとっては蛇足かと思いますが，n は $\sqrt{}$ の中では $n \times n$ になります）。したがって，「相関係数は，x と y の共分散を x の標準偏差と y の標準偏差の積（ないし，x の分散と y の分散の幾何平均）で割った値である」と記述することもできます。

$$r = \frac{s_{xy}}{s_x s_y} \qquad [2-2]$$

相関係数の値の意味

上記のように，相関係数の値の範囲は $-1 \leqq r \leqq +1$ であり，符号は，相

---

1) このことについての説明は『ごく初歩本』の76〜77ページに記したので，そちらを参照してください。なお，本書では，1次関数的対応関係について表現する際，直線的関係という言葉と線形関係という言葉を区別せずに（混在させて）使っています。すみません。
2) 相関係数の値の範囲が $-1 \leqq r \leqq +1$ になることについては，南風原（2002）の3章の1および本書の82ページの脚注3）を参照してください。
   なお，大内・上田・椎名・岡田（2012）は，x と y が異なる数のカテゴリーによって構成されている変数である場合（たとえば，一方が5段階の選択肢からなる質問に対する回答で，他方が7段階の選択肢からなる質問に対する回答であるような場合），各々の変数の各カテゴリーの度数がいずれも0ではないという（通常そうなるであろう）データにおいては相関係数の絶対値は1にはなり得ないことを論じています。相関係数の値を解釈する際に踏まえておくべき事柄だと思います。

関図においてプロットされた点が右上がりの1本の直線に沿って分布している関係か，右下がりの1本の直線に沿って分布している関係かという，関係の方向を表わしています（前者を正の相関：positive correlation，後者を負の相関：negative correlation と言います）。また，絶対値は，関係の明確さないし強さを表わしており，符号の正負にかかわらず，直線的な関係が明確であるほど大きくなります。そして，すべての点が完全に1本の直線上にプロットされたとき，すなわち，2つの変数の間に $y = a + bx$ という1次関数関係が完全に成立しているとき，相関係数の絶対値は1になります（高校までの数学とは異なり，統計学では，切片を a，傾きを b で表わすのが慣わしなので，本書でもそのように表記します）。

なお，相関係数は，2変数間の関係の方向と明確さという事柄について検討する上で，間隔尺度上の値であると言えるものではありませんし，ましてや，比率尺度上の値であるとも言えません。すなわち，厳密に言えば，$r = .2$ と .1 の差と $r = .3$ と .2 の差は同等ではありません。また，$r = .6$ であることは，$r = .3$ であることに比べて「関係の強さが2倍である」などと言えるわけではありません。

■■■ちょっと余分な話3 ||||||||||||||||||||||||||||||||||||||||||||||||||||||||||||||||||■

こんな切断効果もあり得ます。

各変数の本来の分布範囲の一部についてしかデータが得られていない場合には，相関係数の値は，全範囲についてのデータが得られた場合の値と大きく異なる可能性があり，このような場合，**切断効果**が生じていると言います。また，切断効果は，入試の成績と入学後の成績の関係について検討する際によく問題にされるため，**選抜効果**と呼ばれることもあります。

さて，切断効果というとき，通常は，データが得られるか否かが一方の変数の値だけに左右されている場合が想定されています。しかし，そうではない，次のようなケースもあり得ます。

A大学の入試における選抜が，数学と英語の入試センター試験の合計点のみに基づいて行なわれているとします。図2-4に示したように，当該の年度にこれらの教科のテストの両

方を受けた日本全国の受験生全員のデータでは，いずれの教科のテストにも一般的な学力の高さのような要因が共通に介在するでしょうから，両者の得点の間にはおそらく正の相関関係があると考えられます。しかし，A大学に合格した受験生のデータだけで相関係数を算出すると，負の値になる可能性があると思います。それは，各大学を受験し合格する学生のほとんどが，その大学の選抜に利用される教科の得点の合計が一定の範囲に入る人たちだからです（合計点が一定以下であれば合格できませんし，かなり高い人たちは世間的により上位校だと思われている大学を受験しているでしょう）。つまり，$x+y=a$ としたときの合計点 a が一定の範囲の人たちに偏ったデータであるということは，x を右辺に移項して $y=a-x$ となり，傾きが -1 で，切片 a が一定の範囲（$a_1 \sim a_2$）である，図2-4の斜線部だけのデータであることになります。ですから，相関係数の値は，全体では正であっても，A大学に合格した人だけのデータでは負になる可能性が高いと考えられるのです[3]。

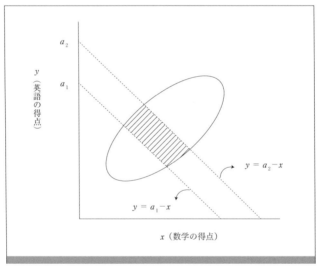

図2-4 切断効果についての特殊な例

---

3) 以上の例はまったくの架空のものではありません。とある実在のデータに基づいて考えたものです。
なお，本書の校正をしている段階で，同様の例が林・黒木（2016）で提示されていることを知りました。

相関関係と因果関係

　標記のことについては，『ごく初歩本』において，かなりの紙面を使って説明しました。しかし，分析した結果を解釈する際に非常に重要になる事柄であるとともに，論文や著書などの学術的な文献においても新聞や雑誌などにおいても一面的ないし短絡的な解釈だと考えられる事例が今でも遍在しています。そこで，以下に，『ごく初歩本』に記したことの要点を列記したり，補足をしたりします。それから，『ごく初歩本』が出版された当初，この相関関係と因果関係ということに関わる筆者の記述に対して種々のご批判をいただきました。その多くは，提示した例の不適切さに関するものであり，たとえば，86～88ページに記した日本酒の価格と日本酒に対する評価の関係に関する例では，この調査に協力してくれた一般消費者の評価と蔵元さんの評価をごっちゃにして論じていると思います[4]。また，118～119ページに記した「カエルが鳴くか否か」という変数と「雨が降るか否か」という変数の関係に関しても，不確かな知識に基づいて記してしまった面があると思います。しかし，これらの例を通して伝えようとした内容は不適切ではないと思っています。また，筆者が論じたことがかなり古びたステレオタイプ的なものであるという内容のご批判を統計の専門家の方からいただきましたが，このことに関して筆者が記述したことは，古くても今なお妥当なものだと思っています[5]。

　さて，それでは，まずは『ごく初歩本』に記したことの要点を列記します

---

[4] この例については，価格との相関係数を算出する際に用いた各日本酒に対する評価に関する値が複数の参加者の評定の平均値であったことに伴う，「データの集合による相関関係の変化」という問題もあります（このことについては，『ちょっと本Ⅲ』の3章で説明します）。

[5] このご批判に関わって問題になったことのポイントは，予測（ないし，推測）と因果を区別するか否かということと，研究を行なう際になんらかの変数の予測に主眼を置くかコントロールに主眼を置くかということだったと思っています（『ごく初歩本』の118～119ページに記したように，当該の2変数間に因果関係がない事柄でも予測に活かすことはできますが，ある変数のコントロールは，そのために介入をする変数とコントロールしようとしている変数の間に因果関係が存在しなければできないはずです）。そして，筆者は，予測とコントロールのどちらに主眼を置くかは一概には決められないことであり，研究者が何を目指すかといった価値的な面も関わる事柄だと思いますが，予測と因果ということは区別して論じるべきものだと今でも思っています。

（このような事柄を，利用されやすい状態で保持しておくことは重要だと思います）。

○相関係数や相関図は，あくまで2つの変数の関係に関する観測された現象を記述しただけのものであり，なぜそのような現象が生じるのかといった，その現象の背後にある**因果関係**（変数間の影響過程：causal relationship）を特定するための情報を提供するものではない。
○ある1つの相関関係の生起に介在していると考えられる因果関係は多くの場合いくつもあり，因果関係について解釈する際には，多面的で柔軟な考え方をする必要がある（複数の因果関係が同時に介在している可能性も多分にあり得る）。
○2つの変数の間に特定の方向の因果関係が存在することを立証するためには，基本的には，原因だと想定される変数のみを人為的に操作したときに，それに伴って結果だと想定される変数の値が変化するという事実を得る必要がある。すなわち，ある特定の因果関係の存在が立証できるか否かは，データの分析法に依存しているのではなく，データの収集法に依存している[6]。
○具体的な事柄として，以下のようなことに留意する必要がある。
  ・$x \to y$（x が原因で y が結果），$y \to x$（y が原因で x が結果），$x \leftarrow z \to y$（擬似相関）の3つの因果関係の各々について，どのような解釈が可能かを考える（x と y は関係を吟味している当該の2変数，z は第3の変数）。
  ・上記の3つの因果関係の各々に関しても，1つの解釈に安住せずに多面的に考察する（なぜならば，どのようにして一方の変数が他方の変数に影響を及ぼすのかに関しても複数の可能性があるとともに，擬似相関である場合の z の候補も1つとは限らないからです）。
  ・実験的研究などによって上記の3つのうちのいずれかの因果関係の存在が示されたからといって，他の因果関係の存在が否定されたと短絡的に考

---

[6] ただし，特に心理学的研究においては，多くの場合，原因だと想定される変数のみを人為的に操作するのは現実には非常に困難です。そして，そのために，原因だと想定される変数を人為的に操作する実験的研究を行なっても，他の解釈可能性がすべて排除され，特定の因果関係の存在が完全に実証されるわけではありません。あくまで，原因だと想定される変数の人為的操作を伴わない相関的研究に比べた場合の相対的な長所だと思います（このようなことについては，『補足本II』の10〜13ページや吉田，2003などを参照してください）。

てはいけない。
- データの収集法によって可能な解釈が異なることを踏まえ，各変数に関する測定がどのように行なわれたかについても考慮しながら考察する。
- 2つの変数の間になんらかの関係があり，一方が他方よりも時間的に先行して観測される場合には，その関係を，前者の変数の値から後者の変数の値を予測する際に活用することができる。しかし，だからといって，両者の間に時間の流れに沿った方向の因果関係が存在していると短絡的に考えてはいけない。

次に，『ごく初歩本』に記したことの補足を，3点に分けて説明します。

▶▶▶▶▶ 双方向的因果関係

「類は友を呼ぶ」という諺があります。「似た者どうしは仲良くなる」という意味であり，2者間の類似性の程度と親密さの間に正の相関関係があるという現象に関して，「類似性→親密さ」という方向の因果関係の存在を想定していると考えられます。かなり古いものですが，社会心理学においてもこのようなことを例証している研究が多々あります（長田，1977などを参照してください）。しかし，逆に（というよりも，同時に），「友は類を成す（仲良くなると似てくる）」とでもいうような「親密さ→類似性」という方向の因果関係も存在するのではないでしょうか。そうだとして，このような$x \to y$と$y \to x$の両方の因果関係が同時に存在している場合を，双方向的因果関係と言います。

他の例を挙げてみます。落語家の笑福亭鶴瓶さんが登場する薬のテレビCMがありました。そこでは，彼の『人は太ったせいで膝が痛くなるのか，それとも膝が痛いせいで太ってしまうのか！…どっちやねん』という台詞の後に，『どっちもやー』と青年が叫ぶ場面があります。これは，まさに肥満傾向と膝の痛みの間に双方向的因果関係が存在していることを述べたものだと思います。また，親密な知人の数と精神的健康の関係や，抑うつ感情と物事を否定的に認知する傾向の関係なども，循環的な双方向的因果関係が介在している可能性が高い事象だと思います。

このように，世の中には，好循環であれ悪循環であれ，2つの変数が循環的（ないし，同時的）に影響を及ぼし合って互いを強化しているような関係が多々存在していると思います。見いだされた相関関係について因果解釈を行なう際には，このようなことも意識しておく必要があるでしょう。

▶▶▶▶ 擬似相関と擬似無相関

『ごく初歩本』にも記したように，関係を吟味している2つの変数（x, y）の双方に第3の変数（z）が特定の影響を及ぼしているために見かけ上示される相関を，**擬似相関**（spurious correlation）と言います。たとえば，かなり前の話ですが，阪神淡路大震災の少し後に，「2×4（ツー・バイ・フォー）工法（という新しい建築工法）で建てられた家は，そうではない既存の工法で建てられた家に比べて，倒壊率が低かった」というデータを提示して，「家を建て直すなら2×4工法の家を」という趣旨の宣伝をしているテレビCMが放映されていました。データに偽りはないとして，このような工法という変数と倒壊したか否かという変数の関係は，CMにおいて暗示されている「2×4工法で建てたから倒壊しにくくなった」という因果関係によるものだと断定できるでしょうか。筆者は，そうとは言い切れないと思います。なぜならば，先にかっこ内に付記したことを踏まえて考えてみれば容易に推論されると思いますが，「2×4工法で建てられたということは比較的新しい家であり，2×4工法で建てられた家であれ，そうではない家であれ，新しい家は古い家よりもガタが来ていないので倒壊しにくい」と考えられるからです。すなわち，上記の関係は，築年ないし家の新しさという**第3の変数**が工法と倒壊するか否かの両変数を規定しているために生じた擬似相関である可能性があると考えられるわけです。

このような事例に関して，「同程度の築年ごとに2×4工法で建てられた家の倒壊率と既存の工法で建てられた家の倒壊率を比べる」というように，築年が2×4工法で建てられた家と既存の工法で建てられた家で異ならないように**統制**して工法と倒壊するか否かの関係を検討したとします。このようなときに，「2×4工法で建てられた家は，既存の工法で建てられた家に比べて，倒

壊率が低い」という関係が認められなくなるのであれば，「2×4工法で建てられた家は，既存の工法で建てられた家に比べて，倒壊率が低い」という現象は，築年という第3の変数が介在した擬似相関である可能性が高いことになるでしょう．これに対して，築年を統制しても同様の関係が認められるのならば，築年という第3の変数による擬似相関ではないかという解釈はとりあえず否定できるでしょう．ただし，もちろん，これは築年という変数の介在が否定されただけであって，他の第3の変数による擬似相関の可能性が否定されたわけではありません．

さて，以上のような擬似相関は，基本的には，図2-5の(a)のように表現されるものです．すなわち，「第3の変数zの変化に伴ってxとyが特定の方向に変化し，その結果，xとyの間にも特定の対応関係が生じる」というものです．たとえば，zのxおよびyへの影響がzとxの間にもzとyの間にも正の相関関係を生じさせるものである場合で言えば，図2-6に示したように，「もともとはxとyは無相関であるが，zの値が大きい対象はxの値もyの値も大きくなるとともに，zの値が小さい対象はxの値もyの値も小さくなるために，xとyの間にも，"一方の値が大きいときほど（小さいときに比べて）他方の値も大きい"という相関関係が生じた」ということです．そして，このよ

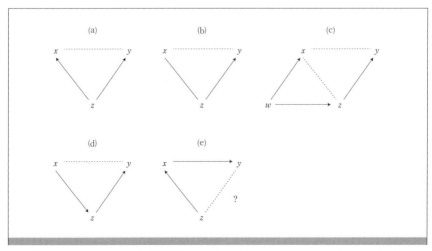

図2-5　$r_{xy} = 0$ではないことが擬似相関であるケース(a), (b), (c)と擬似相関ではないケース(d), (e)

44

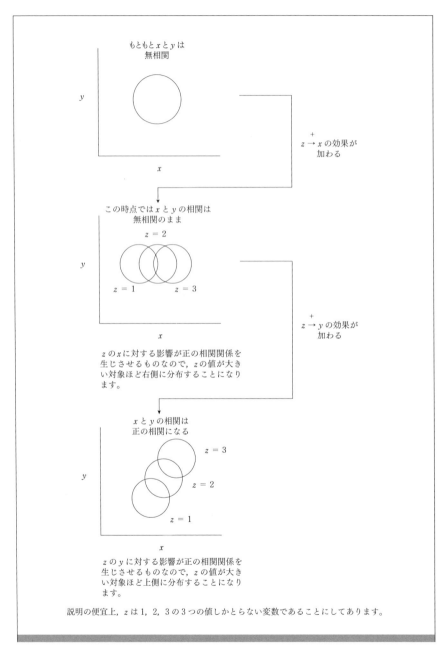

図2-6 擬似相関が生じる過程の例示

うに，示されているxとyの相関関係がzの変化だけに起因するものであれば，上記の家の倒壊に関する例に「同程度の築年ごとに$2×4$工法で建てられた家の倒壊率と既存の工法で建てられた家の倒壊率を比べる」と記したように，第3の変数の値が異ならないように一定に統制した中でxとyの関係を検討すると両者の関係が無相関になると考えられるわけです。

　ただし，現実には，xとyの一方とzの因果の方向が特定できない図2-5の(b)のような場合も多々あります。そして，このような場合も，xとyの間には因果関係がないにもかかわらず，現象としては関係が示されることを想定しているものなので，通常，擬似相関に含めて考えます。たとえば，「○○をよく飲んでいる人ほど長生きをしている」とか「朝ご飯を食べないことが多い子ほど学力が低い」などというような，「ある飲食物の摂取量や起床時間とか日常の運動量などの生活習慣に関する変数」と「なんらかの疾病への罹患や寿命，学力や性格特性などに関する変数」の間の関係が新聞や雑誌などにおいてよく報告されています。そして，少なくともそれらの紙面の中では，「○○をよく飲むと長生きをする」とか「朝ご飯を食べないと学力が低くなる」などというように，前者の変数が後者の変数の状態を規定している原因変数であることのみを想定していると推察される記述がなされることが多々あります。しかし，生活習慣に関するAという側面においてなんらかの特徴を有している人というのは，同時に，別のBやCという側面においてもなんらかの特徴を有している可能性があります。また，このようなとき，生活習慣Aの形成と生活習慣BやCの形成の間の因果関係は特定できないことが多いと思います。そして，このような場合，結果だと想定している変数に影響を及ぼしているのはAではなく，BやCであるかもしれません。このような可能性はどのような調査研究においてもあり得るでしょう（以上のことは，前者に該当する変数が性格に関するもので，後者に関する変数が適応状態などに関するものである場合などにも同様にあてはまります）。

　また，図2-5の(b)においてxとzの間に相関関係が生じている原因が第4の変数wが共通に介在した擬似相関であるとみなすならば，(b)は(c)のように表わした方が適切だと考えられます。これは，生活習慣Aの形成と生活習慣Bの形成に，親の養育態度や幼少時の経験などに関する同じ変数wが介在し

ていると想定されるような場合です。

　なお，図2-5の(d)のようなケースにおいても，z と x および z と y の間には（方向はともかくとして）因果関係があるのですから，後述の擬似無相関の状態になっていない限り，それぞれの間にはなんらかの相関関係が示されます。そして，$x \rightarrow z \rightarrow y$ という因果連鎖の結果として，x と y の間にもなんらかの相関関係が示されるはずです。しかし，このようなケースは，$x \rightarrow y$ という直接的なものではなく，z に媒介された間接的なものであっても，x と y の間に因果関係が存在していることになるので，擬似相関であることにはなりません。また，(e)のようなケースでも，どの変数間にもなんらかの相関関係が示されるはずですが，$x \rightarrow y$ という因果関係が存在しているのですから，当然，見いだされた x と y の関係は見かけのものではありません。「x および y と z の間に関係があればどのような場合でも擬似相関であることになるわけではない」ということです。またまた自明であろうことを記しましたが，学生さんに擬似相関の例を考えて書いてもらうと，(d)や(e)に該当すると考えられるケースであることが多々あるので，あえて記しました。

　それから，双方向的因果関係の項に記した例に関しても，たとえば「ある生活習慣が原因で，太るし，膝も悪くなってしまった」などというように，擬似相関である可能性があると考えられます。他の例についても，なんらかの第3の変数による擬似相関である可能性がないか，考えてみてください。

　それでは，次に，『ごく初歩本』には記さなかった**擬似無相関**（spurious non-correlation）について説明します。擬似無相関というのは，「データが示している現象が無相関であるのが見かけのものである」場合であり，図2-7および図2-8に例示したように，「x と y の間の因果関係によって生じる相関と z が x と y に影響を及ぼすために生じる相関の様相が逆であるために，それらが相殺されて，x と y の関係が見かけ上無相関になる」というものです（ただし，これは両者の効果が同程度である場合であり，一方の効果が他方の効果よりも顕著に大きければ，x と y の相関は，効果が大きい方の様相になります）。

　たとえば，架空の例ですが，パソコンを購入しようとしているAさんに，機能および価格が異なる9つのパソコンを，それらについての情報を付けて提示し，「各々をどの程度買おうと思うか」という購買意思について評定しても

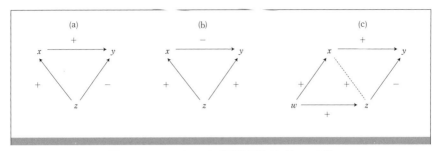

図2-7 $r_{xy} = 0$ であることが擬似無相関であるケースの例

らったとします。これは図2-7の(c)に該当すると考えられる例であり、機能がx，購買意思がy，価格がzで，wが生産コストだと思ってください。そして、このようなデータを収集した主な目的は、機能と購買意思の関係について検討することだと思ってください。

常識的に考えると、機能が高いほど買いたいと強く思うはずですから、xとyの間には正の相関関係があると予想されます。しかし、提示した情報と得られたデータは表2-2の通りであり、xとyの相関（r_{xy}）は0でした。これは、どういうことでしょうか。

表2-2 擬似無相関を示すデータの例

パソコン	1	2	3	4	5	6	7	8	9
機能（x）	1	2	3	2	3	4	3	4	5
購買意思（y）	3	4	5	2	3	4	1	2	3
価格（z）	1	1	1	2	2	2	3	3	3

・それぞれ、値が大きいほど、機能が高い、買おうと強く思っている、価格が高い、ことを意味しています。

ここで、各測定値を示した対象である1つひとつのパソコンを、単なる・（ドット）ではなく、それぞれの価格の値で表わして、機能と購買意思の相関図を作成すると、図2-9のようになります。

まず全体的に見ると、確かにxとyの関係は右上がりでも右下がりでもなく、無相関です。次に、価格と機能の関係に関しては、価格が高い物ほど右側（すなわち、機能が高い側）に分布しているので、$r_{xz} > 0$だと考えられます。価格が高いほど機能が高いのは当然のことであり、r_{xz}を計算すると、この場合

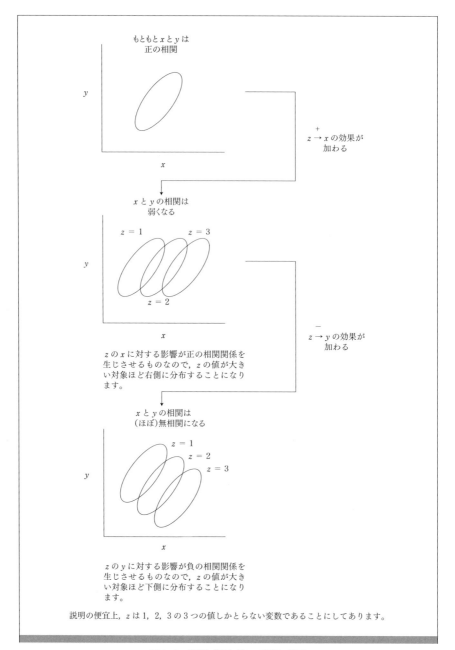

図 2-8　擬似無相関が生じる過程の例示

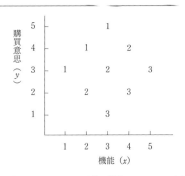

図 2-9　表 2-2 のデータについての相関図

.71 になります。また，価格と購買意思の関係に関しては，高い物ほど下側（すなわち，買おうと思わない側）に分布しているので，$r_{yz} < 0$ だと考えられます。これも価格が高いほど買う気にならないという常識的な結果であり，r_{yz} を計算すると －.71 になります。さらに，価格の値ごとに見ると（すなわち，価格を変動させずに一定に統制して検討すると），いずれの価格においても，機能の高い物ほど買おうと思う程度が強いという（常識通りの）関係になっています。そして，以上の結果について，図 2-7 の (c) の因果モデルに沿って解釈すると，まず，生産コスト（w）を大きくするほど商品の機能が高くなるとともに，価格を高くしなければ採算が合わないので，機能（x）と価格（z）の間に正の相関関係が生じます。次に，このように正の相関関係にある変数の中の一方（機能）は購買意思（y）に正の影響を及ぼすのに対して，他方（価格）は購買意思に負の影響を及ぼします。ということは，w という 1 つの変数が関係を検討しようとしている変数である x と y の両方に影響を及ぼしている（より具体的に記すならば，$w \to x$ という因果関係と $w \to z \to y$ という因果関係が同時に介在している）ことになります。また，それぞれの影響の様相は，前者が「w が大きいほど x が大きくなる」というものであるのに対して，後者が「w が大きいほど（z が大きくなり，さらにその z の変化に伴って）y が小さくなる」というものです。そして，このような共通の変数（w）の介在のために，他の因果関係がまったく介在していなければ，x と y の間には負の

擬似相関が生じることになります。しかし，この場合，機能（x）が購買意思（y）に正の影響を及ぼすという直接的な因果関係も同時に存在しているために，この効果が先の擬似相関の効果と相殺されて，価格のことを考慮せずに全体的に見ると，機能と購買意思の関係が無相関になっていると解釈されます。

以上は，第3の変数の介在によって当該の2変数間の関係が攪乱されていることを暴いた結果が常識的なものである例でしたが，これは説明の便宜上そのようにしたものです。実際の研究においては，一般に受け入れられている常識的な関係に対して疑問を抱き，なんらかの第3の変数を導入して，その関係が擬似相関ないし擬似無相関であることを暴くことが大切だと思います。そして，「当該の2変数間には，実は，一般に認識されているものとは異なる〜という（因果）関係が存在する」といったことを主張できたら，妙味あるおもしろい研究であることになると思います[7]。

▶▶▶▶ 測定法を考慮した解釈の必要性

標記のことについても『ごく初歩本』の88〜90ページで少しふれましたが，このことの遍在性・重要性を強く認識してもらうために，ここではそこに記したもの以外の例を複数提示します。伝えたいことの要点は，「見いだされた相関関係について解釈する際には，各変数に関するデータがどのように収集されたのか，言い換えれば，どのような方法で各変数についての測定が行なわれたのか，ということをしっかり踏まえておかなければならない」ということです。

［例1］
擬似無相関の項に記した例では，機能と価格に関してはAさんに提示した

---

[7] この「擬似相関と擬似無相関」の項に記したことについては，『ちょっと本Ⅲ』の1章において，あらためて詳しく説明します。なお，擬似相関ないし擬似無相関に関するものではありませんが，統計的データに基づいて因果関係に関して強い説得力を有する脱常識性が高い主張をしていると考えられる例として，冨高（2010）を読むことをお薦めします（一般には「うつ病の患者が増えたので，うつ病に関する啓発活動が多く行なわれるようになった」と思われているけれども，実のところは「(高価な新しい抗うつ薬の発売に伴って)啓発活動が多く行なわれるようになったため，(自分もうつ病ではないかと思って精神科や心療内科に行き)うつ病だと診断される人が増えた」といったことが論じられています）。

ものがそのままデータになっているものとして論を展開しました。ですから，「購買意思→機能」および「購買意思→価格」という方向の因果関係は成立しないと考えました（機能と価格の提示後に生じた各パソコンに対する購買意思が，その提示された情報に影響するなどということはあり得ないからです）。これに対して，Ａさんが各パソコンの機能と価格についてどう思っているかについて回答を求め，それをデータにしたのならば，「安いと思っているパソコンをその安さゆえに買いたいと強く思い，その買いたいという強い思いが機能についての評定を（機能を高く見積もる方向に）歪めた」などといった，「（価格→）購買意思→機能（についての認知）」という因果関係も成立し得ると思います。また，生産コストと機能および価格の関係に関しても，本来は，「機能→生産コスト」および「価格→生産コスト」という方向の因果関係は存在しないはずですが，「生産コストについてもＡさんに推測・評定をしてもらい，それをデータにする」などということをした場合には，逆方向の因果関係も成立してしまうと考えられます。

[例２]

「人をいじめたことがどの程度あるか」という変数と「人からいじめられたことがどの程度あるか」という変数の関係について検討したら，どうなると思いますか。何で読んだかは失念してしまいましたが，筆者は，このようなことについて検討した研究を少なくとも２つは読んだことがあると記憶しています。

いずれにおいても，「過去のある時期における自身の経験をふり返り，いじめた経験の頻度に関しても，いじめられた経験の頻度に関しても，自己評定をしてもらう」という測定法でした。そして，いずれにおいても，「一方が多い人ほど他方も多い」という正の相関関係が示されていたと記憶しています。この結果をどう解釈したらよいでしょうか。素直に受け入れて，いじめた経験の頻度といじめられた経験の頻度の間には正の相関関係があると思ってよいでしょうか。

ここで筆者が問題にしたいのは，いずれの変数に関しても各自の自己評定によって測定が行なわれているという点です。他の概念も基本的には同様でしょうが，いじめという概念は特に曖昧さを有しており，種々の行為をいじめだと

とらえるか否かに関する基準は人によってかなり異なると思います。すなわち，多くの人にとっては「ちょっとした悪ふざけ」などと思えるようなことでもいじめだと思う人がいる一方で，よほどのことでない限りいじめだとは思わない人もいるというように，いじめということに対する敏感さとでもいうことに関する個人差が存在すると考えられます。そして，このような個人差は，いじめた経験の頻度といじめられた経験の頻度のいずれの測定においても測定結果に同様の影響を及ぼすと考えられます。すなわち，いじめということに対する敏感さが高い人ほど，多くの行為をいじめだととらえるので，いじめた経験の頻度に関してもいじめられた経験の頻度に関しても「たくさんある」という方向の評定をする傾向があるでしょう。そして，このような共通の第3の変数の介在によって，正の擬似相関が発生すると推論されます。

これに対して，現実には不可能でしょうが，「すべての対象について，一定の基準のもとに一定期間，他者との相互作用の様子を特定の人が観察して，いじめた頻度といじめられた頻度をカウントする」というような測定法であったならば，上記のような擬似相関は生じ得ないでしょう。

なお，この例が示唆しているように，関係を検討する2つの変数に関して同様の方法で測定を行なうと，なんらかの測定上のバイアスが両方の変数の測定値に共通の影響を及ぼし，擬似相関が生じてしまう可能性が高くなります。したがって，変数間の関係について検討する際には，できる限り，変数によって測定法を変えたり，各変数について異なる複数の方法による測定を行なったりした方が望ましいと思います。それから，ここでの測定上のバイアスというものには，上記のいじめということに対する敏感さのような（回答者が当該の事象について考える際に働いているであろう）認知的なものだけでなく，質問紙調査などにおいて社会的に望ましい回答をしようとする傾向や問われていることに対して（その内容にかかわらず）肯定的な回答をする傾向などの，考えたことを表明する段階でのバイアスも含まれます（これらのことについては，『ちょっと本Ⅰ』の2章で詳しく解説します）。

［例3］
「給料や労働時間などの労働条件よりも，人間関係や上司のリーダーシップ

などの方が，職務満足感やストレスなどと強く関係している」というようなデータを見聞きしたことがあります。そこでは，このようなデータを根拠として，「職務満足感を高めたりストレスを低減するためには，労働条件を改善することよりも，人間関係やリーダーシップに介入することの方が大切である」といった主張がなされていました。このような主張を鵜呑みにしてよいでしょうか。

　もちろん，人間関係やリーダーシップの重要性を否定するつもりはありません。しかし，筆者は，これらの変数が労働条件に関する変数よりも職務満足感やストレスなどと強く関係していたことには，「この種の研究においては，通常，すべての変数に関するデータが各対象に対して自己報告形式の質問紙調査を行なうことによって得られている」ということが関わっているのではないかと考えています。

　どういうことなのか説明します。まず，給料や労働時間などの労働条件というのは，○円とか△時間といった具体的な数値で表わすことができるものであり，各自の主観に左右される面が小さいと考えられる変数です。ですから，虚偽的な回答がなされる可能性がないわけではありませんが，どの程度職務に満足しているかやどの程度ストレスを感じているかによって回答が歪む可能性はそれほど高くはないだろうと考えられます。これに対して，人間関係やリーダーシップの良好さといった変数は多分に主観的なものであり，各自が感じている満足感やストレスによって（おそらくは，無意識的に）認知が歪められ，満足感を強く感じているほど，また，ストレスを感じていないほど，良好な状態にあるという方向の回答がなされやすいと考えられます。すなわち，研究者が想定しているであろうものとは逆方向の「職務満足感ないしストレス→○○」という因果関係が介在している程度が，○○が労働条件に関する変数の場合よりも，人間関係やリーダーシップなどに関する変数の場合の方が，強いと考えられます。そして，このことが，最初に記したような結果が示されている一因になっている可能性があると思うのです。

［例4］
　憲法改正が話題にあがっている折，第2次世界大戦後に憲法改正が行なわれ

た頻度が国によって大きく異なっていることが報じられることがあります。たとえば，2013年5月の衆議院憲法審査会の資料によれば，同年1月現在，日本では（現行憲法に関しては）戦後一度も改正が行なわれていないのに対して，ドイツでは59回，フランスでは27回，カナダでは19回，行なわれたそうです。すなわち，国という質的変数と憲法改正の頻度という量的変数の間には，かなり明確な関係があるのです。

さて，このようなデータは，通常，憲法を改正することそのものの是非を議論するためではなく，改正をする際の手続きのあり方について議論するために提示されていると思います。ですから，当然，手続きが国によって異なることは意識されるのですが，改正の対象になっている憲法の内容そのものが国によって異なっていることは，少なくとも一般市民においては認識していない人が多いように思います。しかし，ご存知のように日本の憲法は抽象性や普遍性がかなり高いと言えるであろう内容になっていますが，ドイツの憲法などはかなり具体的なことまで記してあり，そのために国内外の時々の状況に応じて内容を臨機応変に変えていく必要性が高いようです。したがって，憲法改正が行なわれた頻度が国によって異なるのは，その際の手続きが異なるからだけでなく，そもそも憲法の内容が国によって異なっているからだとも考えられます（記されている事柄の量も国によってかなり異なっているようです）。そして，改正の頻度を測定する対象である憲法の内容が国によって異なるということは，広い意味では，その測定法が国によって異なっているということになるのだと思います[8]。

以上，相関関係と因果関係ということについて予想以上に多くの紙面を使って種々の基本的なことを記してきましたが，最も主張したかったことは，「安易に思考終止することなく，多面的に考えることが大切である」ということです。

----

[8] 『ちょっと本Ⅰ』では，「測定値が測定しようとしている変数を的確に反映している程度」である測定の妥当性について取り上げますが，この測定の妥当性というのは，「データが示している現象について解釈する際に，各測定値を通して測定しようとしている概念のみに基づいて解釈することがどの程度適切であるか」ということを問題にしたものです。そして，望ましくない側から言えば，測定の妥当性に問題があるというのは，本来の測定対象ではない概念に基づく解釈も成立してしまう可能性が多分に存在するということです。ですから，測定の妥当性の低さは各測定値を通して測定しようとしている概念に基づいた解釈の危うさを意味しており，このことを踏まえてこの項に記したことを要約するならば，「一般に，測定の妥当性に大きな問題があるほど，解釈の多義性が大きくなる」ということになります。

「常識や先入観にとらわれるな」といったことがよく言われます（先入観の多くは常識的な内容だと思いますので，以下では常識とのみ記します）。確かに大切なことだと思いますが，これは，「常識に沿った考え方をしてはいけない」ということではないと思います。1つの理由は，世の中には常識通りのことが実際に多いからです。また，常識というものは，通常，人の脳に保持されている知識の中でも活性化水準が高い，想起されやすいものです。ですから，そのような常識に沿った解釈が最初に思い浮かぶのは自然なことだと思います。人間の思考に関する近年の心理学的研究を踏まえて言い換えるならば，常識に沿った解釈は多分に自動的・無意識的な過程によるものであり，そのような自動的である面が強い過程をリアルタイムに制御するのは困難だからです。ですから，常識的な解釈をしないようにするのではなく，まず常識的に考えることは良しとして，そこで思考を終わらせてしまうのではなく，「でも，こうかもしれない」とか「ちょっと待てよ，こんなふうにも解釈できるぞ」などと後からあれこれ考えることが大切なのだと思います。つまり，「まずは常識的に考えている」という意識をもてればよいのであり，このように考えることができれば，常識にとらわれていることにはならないのだと思います。

相関係数が特定の値になるデータの作成方法

具体的なことは『ちょっと本Ⅱ』などで解説しますが，各分析法の意味ないし論理について理解するためには，「こういうデータでは結果はこうなるだろうと推論されるテスト・データを考え，それを実際に分析して確認をする」というような地道な学習をすることが大切だと思います。ここでは，このようなことをする際に役に立つであろう標記のことについて説明します。

『ごく初歩本』の91〜94ページに記したように，スピアマンの順位相関係数（Spearman's rank correlation coefficient：r_s）は，xとyの各々においてデータを順位に変換し，その順位データについてピアソンの相関係数を算出したものです。また，いずれの変数においても同じ値がなければ，データ数をnとすると，変換後，各対象に1〜nまでの数値が1つずつ割り当てられますが，

このような場合には，次の［2-3］式によって算出しても同じ値が得られます（d_i は，各対象の x における順位と y における順位の差です）．

$$r_s = 1 - \frac{6 \sum_{i=1}^{n} d_i^2}{n(n^2 - 1)} \qquad [2-3]$$

これは，図2-10 に $n=5$ の場合で例示したように，x における順位と y における順位がすべての対象において一致している $r_s = 1$ の場合に順位の差の2乗和である Σd^2 が最小になり，x における順位と y における順位が完全に逆転していて，それらの和がどの対象においても $n+1$ になっている $r_s = -1$ の場合に Σd^2 が最大になることに基づいています（詳しくは，『ごく初歩本』の95ページの「ちょっと余分な話5」を参照してください）．

(a) $r_s = 1$ の場合						(b) $r_s = -1$ の場合					
x における順位	1	2	3	4	5	x における順位	1	2	3	4	5
y における順位	1	2	3	4	5	y における順位	5	4	3	2	1
順位の差 (d)	0	0	0	0	0	順位の差 (d)	-4	-2	0	2	4
$\sum_{i=1}^{5} d_i^2 = 0+0+0+0+0 = 0$ （最小）						$\sum_{i=1}^{5} d_i^2 = 16+4+0+4+16 = 40$ （最大）					
						Σd^2 の理論的最大値 $= \dfrac{n(n^2-1)}{3}$					
						$n=5$ の場合 $\dfrac{5 \times (5^2-1)}{3} = 40$					

図2-10　$r_s=1$ と $r_s=-1$ の場合の x における順位と y における順位の差の2乗和（Σd^2）（$n=5$ の場合）

さて，以上のことを合わせて考えると，たとえば $n=5$ の場合，Σd^2 と r_s の間には，図2-11のような対応関係があることになります．そして，$\{0,2,4,6,8\}$ などというように，データの分布がもともと順位と同じように等間隔に異なる値が1つずつあるようなものであるならば，図2-11に示したものは Σd^2 と r の対応関係であることにもなります[9]．ですから，たとえば $r=0$ に

---

9) なぜ，順位データだけでなく，データの分布がもともと順位と同じように等間隔に異なる値が1つずつあるようなものである場合も含むのかについては，4章で説明する「各変数にいかなる線形変換を行なっても相関係数の絶対値は変わらない」ということを踏まえれば，理解できると思います（たとえば，$\{3,5,7,9\}$ というデータと，これを小さい順の順位データに変換した $\{1,2,3,4\}$ というデータの間には，前者を y，後者を y' とすると，$y' = -0.5 + 0.5y$ という1次関数関係，すなわち，線形関係があります）．

なる $n=5$ のデータを作るためには，Σd^2 が20になるケースを考えればよいことになります。そして，この場合の d は $-4\sim+4$ の範囲の整数ですから，その2乗和が20になるケースというのは，直観的に考えて $16+1+1+1+1$ の場合と $9+9+1+1+0$ の場合であり，このようになる順位データとしては，図2-12に示したようなものなどが考えられます。また，同様に，$n=5$ で $r=.5$ になるのは Σd^2 が10の場合であり，これを満たす順位データとしては図2-13のようなものなどが考えられます。データの分布が，一般に

・データの分布がもともと順位と同じように等間隔に異なる値が1つずつあるようなものであるならば，$r_s=r$ であり，この図は，r と Σd^2 の対応関係を表わしているものであることにもなります。

図2-11 $n=5$ の場合の r_s と Σd^2 の対応関係

x	1	2	3	4	5		x	1	2	3	4	5
y	5	1	2	3	4		y	1	5	4	3	2
d	-4	1	1	1	1		d	0	-3	-1	1	3

$\sum_{i=1}^{5} d_i^2 = 16+1+1+1+1 = 20$ 　　$\sum_{i=1}^{5} d_i^2 = 0+9+1+1+9 = 20$

・x と y の値を ［2-1］式に代入して計算しても，電卓の2変数統計の機能や統計ソフトを使って計算しても，$r=0$ になることを確認してください。

図2-12 r_s および r が0になるデータの例（$n=5$ の場合）

x	1	2	3	4	5		x	1	2	3	4	5
y	3	2	1	5	4		y	1	4	2	5	3
d	-2	0	2	-1	1		d	0	-2	1	-1	2

$\sum_{i=1}^{5} d_i^2 = 4+0+4+1+1 = 10$ 　　$\sum_{i=1}^{5} d_i^2 = 0+4+1+1+4 = 10$

・x と y の値を ［2-1］式に代入して計算しても，電卓の2変数統計の機能や統計ソフトを使って計算しても，$r=.5$ になることを確認してください。

図2-13 r_s および r が.5になるデータの例（$n=5$ の場合）

想定されている正規分布ではなく，等間隔に異なる値が1つずつある場合ですが，以上のようにすれば，相関係数の値が特定の値になる種々のデータを作ることができます。

$\phi = r$ であることについて

ϕ係数（ファイ：phi coefficient）は，カテゴリー数がともに2である質的変数どうしの関係の明確さを数値要約するために用いられる代表的な統計量であり，次の［2-4］式によって算出されます（式中の記号については，図2-14の(b)を参照してください）[10]。

$$\phi = \frac{n_{11}n_{22} - n_{12}n_{21}}{\sqrt{n_{1\cdot} n_{2\cdot} n_{\cdot 1} n_{\cdot 2}}} \qquad [2-4]$$

ここでは，このϕ係数が「ピアソンの相関係数の，カテゴリー数がともに2である質的変数どうしバージョン」であることについて説明します。

図2-14の(a)のようなデータがあるとします。これについて**クロス集計**をすると(b)のようになります。データ数が非常に少ないために偶然性が高いものではありますが，どうやら，出身地域と麺類の好みという変数の間には，「関東ではうどん好きの人よりもそば好きの人の方が多いのに対して，関西では逆にうどん好きの人の方が多い」というような関係があるようです。そこで，この関係の明確さについて数値要約するために［2-4］式を使ってϕ係数を算出すると.41になります（電卓を使って自身で確認してみてください）。次に，各変数の2つのカテゴリーの各々に任意の異なる数値を割り当てる数値化を行ないます。数値化した値に書き換えたものが(c)です。この数値化されたデータについて相関係数を算出すると，やはり.41になります（これについ

[10) 図2-14の(b)のような**クロス表**（cross table）を作成する際に2つずつある各変数のカテゴリーのどちらを第1行ないし第1列に記すかは任意であるにもかかわらず，［2-4］式ではそれによってϕ係数の符号が変わってしまいます。そのため，『ごく初歩本』では［2-4］式の分子に絶対値を付けてあります。これに対して本書では，－1～＋1の範囲をとる相関係数とϕ係数が基本的に同じものであることを説明する際のわかりやすさを考慮して，絶対値を外して記してあります。

(a) 出身地域と麺類の好みに関するローデータ

| 出身地域 (x) | 東 | 東 | 西 | 東 | 西 | 東 | 東 | 西 | 東 | 西 |
| 麺類の好み (y) | そ | そ | う | う | う | そ | そ | う | そ | う |

東：関東，西：関西，そ：そば，う：うどん

(b) (a)のデータについてのクロス表

| | | 麺類の好み (y) | | 計 |
		そば	うどん	
出身地域 (x)	関東	4 (n_{11})	2 (n_{12})	6 ($n_{1\cdot}$)
	関西	1 (n_{21})	3 (n_{22})	4 ($n_{2\cdot}$)
	計	5 ($n_{\cdot 1}$)	5 ($n_{\cdot 2}$)	10 (N)

[2-4]式より，$\phi = .41$

(c) (a)のデータを数値化したデータ

											総和	2乗和
出身地域 (x)	1	1	0	1	0	1	1	0	1	0	6	6
麺類の好み (y)	1	1	0	0	0	1	1	0	0	1	5	5
xy	1	1	0	0	0	1	1	0	0	0	4	

関東→1，関西→0，そば→1，うどん→0
[2-1]式などより，$r = .41$

図2-14　$\phi = r$ であることについての例示

ても，電卓や統計ソフトを使って自身で確認してみてください）。なお，ここでは，説明の便宜上，いずれの変数に関しても一方を1とし他方を0としてありますが，本来は，異なる数値であれば，どのような値でもかまいません（値が2つしかないのですから，各カテゴリーにどのような数値を割り当ててもそれらの間には1次関数関係があることになるので，4章で説明するように相関係数の絶対値は変わりません）。

以上のように，2×2のクロス表を構成する2つの質的変数に関するデータについて，各々の2つのカテゴリーに任意の異なる数値を割り当てる数値化を行ない，それについてピアソンの相関係数を算出すると，ϕ係数の値と一致します。そして，ϕ係数と相関係数の間にこのような関係があるため，カテゴ

リー数が2である質的変数に関しては，各カテゴリーに異なる数値を割り当てる数値化を行なって，量的変数の場合と同様の分析を適用することができます[11]。

それから，$\phi = r$ であることは，図2-14に例示したように，いずれの変数に関しても一方を1とし他方を0とすると，$\Sigma x = \Sigma x^2 = n_{1\cdot}$，$\Sigma y = \Sigma y^2 = n_{\cdot 1}$，$\Sigma xy = n_{11}$ であり，これらを相関係数の計算式である『ごく初歩本』の72ページの［3-2］式に代入して展開していけば簡単に証明できます。自身で確認してみてください（$N = n_{1\cdot} + n_{2\cdot} = n_{\cdot 1} + n_{\cdot 2} = n_{11} + n_{12} + n_{21} + n_{22}$ などを踏まえて展開してください）。

---

[11] このように，質的変数に関する分析においては各カテゴリーに便宜的になんらかの数値を割り当てることによって量的変数の場合と同様の分析を適用できる変数を構成することがあり，このような変数を**ダミー変数**（dummy variable）と言います。

2章 練習問題

▶【練習問題 2-1】 相関図が次の①，②のようになるデータの相関係数の値を直観的に推定してください（小数点以下第2位まで答えてください）。

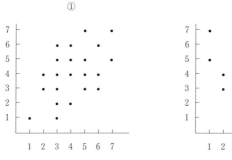

【練習問題 2-2】 32〜33ページで提示した「集団主義傾向が全般に高い国においては他者一般を信頼する傾向がたいてい低く，他者一般を信頼する傾向に関する得点の平均値の国家間の差異が小さいが，個人主義傾向が高い国においては他者一般を信頼する傾向が高い国とあまり高くはない国が存在し，他者一般を信頼する傾向に関する得点の平均値の国家間の差異が大きい」という関係を，相関図で示してください（集団主義傾向と個人主義傾向は対概念であるとします）。

▶【練習問題 2-3】 次のデータの相関係数の値を,「値を式に代入して計算をする」といったことをせずに推論してください。

x　4　5　3　2　1
y　1　3　2　1　3

○【練習問題 2-4】 次のデータの相関係数の値は,どうなるでしょうか。

x　4　5　3　2　1
y　3　3　3　3　3

▶【練習問題 2-5】 次のような7つのデータがあります。これらについて,下の①～③の問いに答えてください。

　　　　　A　　　　B　　　　C　　　D　　　　E　　　　F　　　　G
x　1 3 3 5　1 2 3 4 5　1 2 3　1 2 4 5　1 2 4 5　1 3 5　1 2 4 5
y　3 1 5 3　5 2 1 2 5　1 3 5　1 5 1 5　5 2 4 1　2 3 4　1 4 2 5

① 相関係数の値の大小関係について推論し,（　）内にはA～Gの記号を,【　】内には "＞" か "＝" の記号を記入してください。

（　）【　】（　）【　】（　）【　】（　）【　】（　）【　】（　）【　】（　）

② A～Gの中で,$r = .6$ になるものが1つあります。どれであるか,直観的に判断してください。

③ A～Gの中で,rの絶対値が等しく,かつ,符号が逆になるのは,どれとどれでしょうか。

○【練習問題 2-6】 変数yは,標準偏差が1で,変数xとの相関係数が0です。このような条件を満たす変数yのデータ例を考えてください（思考過程についても記述してください）。

x　2　3　4　5
y　__　__　__　__

【練習問題 2-7】 統計量の値が次のようになるように，以下の変数 y の残りの値を考えてください（値はすべて整数だとします）。

$\bar{y} = 3$，$0.5 < s_y < 1$，$r_{xy} = 0$

x	1	2	3	4	5
y	__	2	__	__	__

○【練習問題 2-8】 次のデータの分析方法および分析結果に関する以下の記述に対して論理的に批判してください。ただし，データ数が少ないことに伴う結果の偶然性の問題は不問とします。

x	7	5	6	3	1	5	7	1	4	9
y	6	6	7	6	1	4	4	8	7	3

x と y の相関係数を算出したところ $r = -.11$ であり，これらの 2 つの変数の間には，ほとんど関係が認められない。

▶【練習問題 2-9】 変数 x と変数 y についての $n = 7$ のデータにおいて外れ値だと判断される測定値が 1 つあり，それを含めたときの相関係数は .9 程度で，除外したときの相関係数は -1 になります。また，x の標準偏差は y の標準偏差よりも少し大きく，歪度はいずれも正です。以上のことを満たすデータの相関図を例示してください。

▶【練習問題 2-10】 20 人ずつの日本人とアメリカ人について，次の 3 つの変数に関する測定を行なった結果を相関図にまとめました。これらについて，後の①，②の問いに答えてください。

・成功についての（表明の）内的帰属傾向：ある課題の遂行に成功し，その原因について他者に表明するよう求められたときに，自身の能力の高さや努力といった内的原因が成功したことに強く関わっていたという内容の主張をする傾向
・承認獲得欲求：他者から肯定的に評価されたいと思う気持ちの強さ
・否認回避欲求：他者から否定的に評価されたくないと思う気持ちの強さ

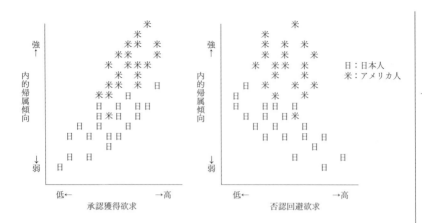

① これらの変数および変数間の関係に関する結果について記述してください。

＊結果から示唆されることや，なぜそのような結果になったと考えられるか，などといった考察は不要です。単にデータが示している傾向を記述することのみを行なってください（ですから，データ数や測定の妥当性に関する問題は不問とします）。

② ①で解答した傾向の各々を数値要約するためには，どのような統計量を用いたらよいでしょうか。適切な統計量の名称を解答してください。

○【練習問題 2-11】 $r_{xy} > 0$，値が $1 \sim 5$ の整数である第 3 の変数 z による x と y の分割相関がいずれも（同じ様相の）負，$r_{xz} < 0$ であるデータがあるとします。このとき，次の①，②の問いに答えてください。

① 上記のようなデータの分布の様相を，49ページの図2-9のような相関図を用いて例示してください。
② 上記のようなとき，r_{yz} は，正の相関，（ほぼ）無相関，負の相関のいずれであるか，推論してください。

▶【練習問題 2-12】 就職活動中のある学生に，30の会社に関して，どの程度入りたいと思うか（入社希望度），給料がどの程度高いと思うか（給料の高さについての認知），仕事がどの程度大変だと思うか（仕事の大変さについての認知）について回答を求めました。回答の方法は以下の通りで，得られたデータを分析した結果，

1)〜4)のような傾向が見いだされました。給料の高さについての認知と入社希望度の関係について検討することが主目的であると考えて，データの分布の様相を図2-9のような相関図を用いて例示してください。

〔回答方法〕「入りたい-入りたくない」，「高い-低い」，「大変-楽」の両極性尺度で，いずれも9段階。
　例）ものすごく入りたい：9，かなり入りたい：8，わりと入りたい：7，
　　　やや入りたい：6，どちらとも言えない：5，やや入りたくない：4，
　　　わりと入りたくない：3，かなり入りたくない：2，
　　　ものすごく入りたくない：1

〔見いだされた結果〕
1）全体的には，給料の高さについての認知と入社希望度の相関は負である。
2）全般に，仕事が楽だと思っているほど入りたいと思っている。
3）全般に，仕事が大変だと思っているほど給料が高いと思っている。
4）仕事の大変さについての認知を統制すると（すなわち，どの程度大変だと思っているかを一定にすると），仕事の大変さがどのような場合にも，給料の高さについての認知と入社希望度の間には正の相関関係が認められる。

▶【練習問題2-13】　以下のことがあてはまる $n=12$ のデータ例を考えるとともに，r_{yz} の符号を推論してください（【練習問題2-9】，【練習問題2-11】，【練習問題2-12】のように分布の様相を図示するのではなく，該当する数値例を作ってください）。

・変数 x, y, z は，いずれも量的変数。x と y は1〜15の範囲の整数値で，z は1〜3の整数値。
・平均値は，x が9，y が10，z が2。
・$r_{xy} < 0$，$r_{sz} > 0$，r_{yz} の絶対値は r_{sz} の絶対値よりも大きい。
・z による x と y の分割相関は，$z=1, 2, 3$ のいずれの場合も $r=0$。

◯【練習問題2-14】　変数 x と変数 y の相関係数を，収集したすべてのデータを用いて算出するとともに，男女ごとにも算出しました。ここで，相関係数を，正の相関，（ほぼ）無相関，負の相関の3種類に分類し，それぞれの中での程度の違いは問題にしないことにしたとき，全データでの相関係数と男女ごとの分割相関が異なっている（たとえば，分割相関は男女とも正の相関なのに，全データでの相関は

無相関になっている）ものには，どのようなケースがあるでしょうか。なるべく多くのケースを考え，男女ごとの相関図を1つの図中に同時に描く形式で示してください（ただし，男性における相関と女性における相関の様相は同一であるとします）。

▶【練習問題2-15】 2つの量的変数の関係について分析する際に相関図を作成する意義について列記してください。

▶【練習問題2-16】 次のような研究の結果の解釈に関して，論理的に批判してください。ただし，結果の一般性および（測ろうとしている事柄が的確にとらえられているかという）測定の妥当性の問題は不問とします。

　100人の小学6年生について，3ヶ月間の（自発的な）読書量と国語の成績に関するデータを得た。そして，100人の児童を，読書量が相対的に多い群，中程度の群，少ない群の3群に分けて，それらの群間で国語の成績を比較したところ，読書量が多い群ほど国語の成績が良い，という傾向が顕著に認められた。したがって，たくさん読書をすることは国語の成績の向上に寄与している考えられる。

◯【練習問題2-17】 「xとyの間には本来はなんらかの関係があるにもかかわらず，$r_{xy} \fallingdotseq 0$になる」ケースには，どのようなものがあるでしょうか。できるだけ多く考えてください。

▶【練習問題2-18】 2つの量的変数の関係について検討するために，一方の変数の値によってデータを複数の群に分けて，それらの群間で他方の変数の平均値を比較する分析が行なわれることがあります。このような分析は，①どのようなときに行なうのか，②このような分析を行なう際には，どのようなことに留意する必要があるのか，について記述してください（いずれの変数に関しても分布に顕著な歪みは認められないものとします）。

▶【練習問題2-19】 A，B，Cの3人の女性に，初対面の30人の男性が自己紹介をしている場面をビデオで提示し，各々の男性に対して抱いた好悪感情と性格についての印象に関して，以下のような尺度を用いて回答を求めました。得られたデータに

・ついて種々の分析を行ない，各女性が初対面の男性に対して抱く「好悪感情」と「性格についての印象」，および，両者の関係の様相に関して，各自の結果を比較しながら，各々の特徴について解釈・記述してください（どの女性にも同じ30人の男性を提示しました）。

＊統計的検定を行なう必要はありません。記述統計だけを適用してください。
＊この問題については，統計ソフトを使っても電卓を使ってもかまいません。

	ものすごく	かなり	まあまあ	やや	どちらとも言えない	やや	まあまあ	かなり	ものすごく	
嫌い	1	2	3	4	5	6	7	8	9	好き
ふまじめ	1	2	3	4	5	6	7	8	9	まじめ
知性的でない	1	2	3	4	5	6	7	8	9	知性的
冷たい	1	2	3	4	5	6	7	8	9	温かい

〔ローデータ〕

[女性A]
好 9 7 5 5 4 6 5 2 5 9 8 3 4 4 9 1 1 5 7 2 1 9 3 6 2 8 1 5 9 3
ま 5 4 7 3 2 7 3 1 4 5 5 3 7 8 6 9 8 7 6 3 2 6 2 3 2 5 9 4 4 7
知 9 7 4 5 4 5 5 5 4 3 5 8 1 5 5 6 5 3 7 5 6 4 5 6 6 5 6 5 2 8
温 5 5 5 8 5 6 5 1 5 7 7 5 2 4 6 6 4 8 4 5 9 5 4 2 4 6 2 4 6

[女性B]
好 5 4 5 5 7 3 5 4 6 5 5 8 5 5 4 6 5 5 5 3 5 7 5 4 6 5 6 4 5 3
ま 5 5 5 4 8 3 5 4 5 4 6 7 7 6 5 6 4 5 5 3 6 6 5 3 6 4 7 4 4 2
知 6 6 5 8 9 6 7 6 7 5 7 9 8 9 7 8 5 6 7 5 5 8 8 5 7 7 8 6 7 5
温 5 4 5 5 3 8 4 6 3 6 5 2 5 5 6 5 4 6 5 8 4 4 6 7 3 4 4 5 5 7

[女性C]
好 5 5 3 5 5 5 4 8 4 3 3 2 4 9 7 8 9 6 2 4 4 8 1 8 7 5 6 5 7 6
ま 4 1 8 5 5 6 4 9 5 6 6 7 3 4 3 5 4 4 4 5 7 7 8 5 5 2 5 6 6 5
知 7 5 2 3 4 6 7 9 6 4 5 1 3 8 8 6 5 5 2 5 6 7 3 5 6 8 7 6 5 4
温 2 4 8 8 6 4 1 1 4 5 3 7 8 4 2 6 6 5 6 5 3 5 5 7 5 1 4 5 5 7

好：好き－嫌い　　　　　　ま：まじめ－ふまじめ
知：知性的－知性的でない　　温：温かい－冷たい

▶【練習問題 2-20】 $r_s = -1$，$r \neq -1$ となる $n = 4$ のデータ例を考えてください。

▶【練習問題 2-21】 次の2つのデータの各々におけるピアソンの相関係数（r）の値とスピアマンの順位相関係数（r_s）の値の大小関係（$r > r_s$ か，$r = r_s$ か，$r < r_s$ か）について推論してください。

① x　1　3　9　1　3　　② x　1　6　9　8　4
　　y　1　3　9　3　1　　　　y　1　3　9　8　2

【練習問題 2-22】 $n = 8$ の場合，スピアマンの順位相関係数の絶対値が1の次に大きいのは，いくらでしょうか。いずれの変数においても同じ値の測定値はないものとして考えてください。

▶【練習問題 2-23】 $n = 4$ で，相関係数が $-.6$ になるデータを作ってください。

▶【練習問題 2-24】 $n = 3$ である場合，スピアマンの順位相関係数は，どのような値になり得るでしょうか。いずれの変数においても同じ値の測定値はないものとして考えてください。

【練習問題 2-25】 クロス表の作成において相対度数を算出する際の留意点について，簡潔に記述してください。

◐【練習問題 2-26】 次の文章の（　）内の①〜⑤に適切な式を記入してください。

　2×2 のクロス表における各セルの度数を n_{11}, n_{12}, n_{21}, n_{22} とする。このとき，クロス表を構成している2つの質的変数の間にまったく関係がなければ，（①　　）$= 0$ となる。また，完全な関係がある場合には，（②　　）または（③　　）となる。そして，この2つの変数の間にまったく関係がないという仮定のもとでの1行1列のセルの度数の期待値を n_{11}, n_{12}, n_{21}, n_{22} を用いて表わすと（④　　）となる。さらに，このような期待値と実際の度数のズレの指標である χ^2 の最大値を n_{11}, n_{12}, n_{21}, n_{22} を用いて表わすと（⑤　　）となる。

▶【練習問題 2-27】 26人の男性と13人の女性に，ある事柄に対する賛否を尋ねたと

ころ，男女合わせて，27人が賛成し，残りの12人が反対しました。これについて，次の①〜④の問いに答えてください。

① 性別と意見（賛否）の間にまったく関係がないとすると，女性で反対した人は何人いることになるでしょうか。
② ①の場合の χ^2 および ϕ 係数の値は，いくらになるでしょうか。
③ 性別と意見の間に完全な関係がある場合の各セルの度数を記してください。
④ ③の場合の χ^2 および ϕ 係数の値は，いくらになるでしょうか。

＊③と④については，「男女合わせて，27人が賛成し，残りの12人が反対した」という制約はないものとします。

【練習問題 2-28】 300人の人に，お酒に対する好み（"ビール"と"日本酒"と"焼酎"と"ワイン"の中でどれが最も好きか）と麺類の好み（"うどん"と"そば"と"ラーメン"の中でどれが最も好きか）を尋ねたところ，お酒に対する好みに関しては，ビールを選んだ人が90人，日本酒を選んだ人が60人，焼酎を選んだ人が30人，ワインを選んだ人が120人いました。これについて，次の①〜⑥の問いに答えてください。

① お酒に対する好みと麺類の好みの間に関係がまったくないことになるデータを2種類例示してください（周辺度数に0はないものとします：以下，同様です）。
② お酒に対する好みと麺類の好みの間に完全な関係があるデータを1つ例示してください。
③ このような変数間の関係の明確さを数値要約するための代表的な統計量の名称を答えてください。
④ ①の場合，③の統計量の値および χ^2 値は，いくらになるでしょうか。
⑤ ②の場合，③の統計量の値および χ^2 値は，いくらになるでしょうか。
⑥ "うどん"と答えた人が全体で90人いたとします。このようなとき，好きなお酒と麺類の好みの間に関係がまったくないと仮定した場合の"日本酒"かつ"うどん"を選んだ人の人数の期待値は，いくらになるでしょうか。

○【練習問題 2-29】 次の文章に記されている思考に対して論理的に批判してください。

　日本全国の企業の社長の出身大学を調べたところ，N大学出身者が最も多かっ

た。社長になりたいなら，N大学に行くのが得策だ。

●【練習問題2-30】 Aという進学塾が，「我がA塾では，近隣で一番の私立進学校であるB中学への合格者数が，2012年5名，2013年10名，2014年20名と，年々倍増しています。B中学に進学したい小学生の皆さん，ぜひ入塾を！」という宣伝をしています。この宣伝（主張）に対して論理的に批判してください。ただし，宣伝中の過去の実績の数字に偽りはないものとします。

3章 | 標準偏差と相関係数のベクトルによる表現と変数の合成

　この章では，「こういうケースでは，このように分析します」などといった具体的な分析方法については解説しません。本書の次章や『補足本Ⅱ』以降の巻で解説することを理解してもらうために必要となる数学的な事柄について解説します。ベクトルや三角関数などの高校の数学で学習する内容がたくさん出てくるので抵抗を感じる人がいるかもしれませんが，基礎的なことについてなるべくわかりやすく説明しますので，頭の中に「どうせわからないぞバリアー」を張らずに理解しようとしてください。

ベクトルについて

▶▶▶▶ ベクトルとは

　ベクトルというのは，大きさと方向を有する量であり，多くの場合，方向と長さによって構成される線分によって表わされます（「方向と長さによって決定される線分」と言ってもよいかもしれません）。理科の授業で学んだように，あるものが別のものに対して及ぼす力の向きと大きさを図示するときなどに使われます。方向も長さも同じであれば同一のベクトルであることになり，どちらか一方でも異なっていれば違うベクトルであることになります。

また，ベクトルは，(2,3)などというように，複数の数字を配列したものによっても表現できます（配列される数字の数は，本来は1つでもかまいませんが，通常は2つ以上の場合で考えます）。各々の数字（値）をベクトルの要素とか成分と言いますが，これらの数字は，どの要素も0である点を始点とした場合の，当該のベクトルの終点の位置を表わしています。なお，要素の数が2である場合を2次元ベクトル，3である場合を3次元ベクトルと言います（4以上の場合も同様です）。

2次元ベクトルの場合で具体的に説明します。まず，図3-1のように垂直に交わる2つの座標軸を設定して，それらが交わるところを(0,0)という数字の配列で表わし，そこを各ベクトルの始点とします。次に，ベクトルの各要素の値が各座標軸（言い換えれば，各次元）上での位置を表わしていると考え，それらを組み合わせることによって決定される，それぞれのベクトルの要素の値に対応した点をそのベクトルの終点とします。そして，最後に，各ベク

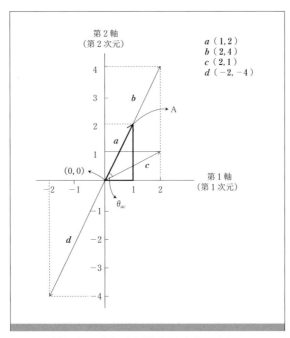

図3-1　ベクトルの各要素の値による表現の意味

トル共通の始点から各々の終点に向かって矢印付きの線分を引きます。このようにして図示されたものが各要素の値の配列が示しているベクトルです。

たとえば，図3-1の（**1,2**）という数字の配列で表わされている **a** ベクトルは，第1要素の値が1で，第2要素の値が2なので，第1軸上での位置が1で，第2軸上での位置が2である図中の点Aが終点になり，（**0,0**）から（**1,2**）に向かう線分になります（本書では，ベクトルを表記する場合，かっこ書きの各要素の値およびアルファベットを太文字で示すことにします）。そして，このように図示すると，（**2,4**）と表わされる **b** ベクトルは，（**1,2**）と表わされる **a** ベクトルと方向は同じですが，長さは **a** ベクトルよりも長いベクトルであることになります。また，（**2,1**）と表わされる **c** ベクトルは，**a** ベクトルと長さは同じですが，方向が **a** ベクトルとは異なるベクトルであることになります。さらに，**b** ベクトルと **c** ベクトルは，方向も長さも異なるベクトルであることになります。

それから，**a** ベクトルと **b** ベクトルを比較すると，後者の各要素の値は，いずれも前者の各要素の値の2倍になっています。すなわち，それぞれのベクトルにおける i 番目の要素の値を a_i, b_i とすると，$b_i = 2a_i$ という比例関係が成立しています。そして，このような「一方のベクトルの各要素の値＝定数×他方のベクトルの各要素の値」という比例関係が成立している2つのベクトルは，この **a** ベクトルと **b** ベクトルのように，同一の方向のベクトルになります。ただし，これは，比例定数が正の値である場合であり，比例定数が負の値である場合には，図3-1の **a** ベクトルと **d** ベクトルおよび **b** ベクトルと **d** ベクトルのように，正反対の方向のベクトルになります（この段落に記したことは，「相関係数のベクトルによる表現」の項で説明することを理解する際に重要になるので，しっかり認識しておいてください）。

なお，以上のことは，後で図3-4や図3-8に示す3次元ベクトルの場合にも同様にあてはまります。また，4次元以上の場合は図3-4や図3-8のような図示はできませんが，これから説明することは何次元であるかに関わらない事柄です。

▶▶▶▶ ベクトルの長さ

　図3-1の a ベクトルの長さは，太線で表示した直角三角形の斜辺の長さですから，三平方の定理により，$\sqrt{1^2+2^2}$ で，$\sqrt{5}$ になります。そして，このことを一般化すると，ベクトルの長さは，何次元ベクトルであっても，「各ベクトルの要素の値の2乗和の（正の）平方根」であることになり，ベクトルの長さを $\|x\|$，各々の要素を x_i，要素の数を n という記号で表わすと，次の［3-1］式のようになります（x は任意のアルファベットです）。

$$\|x\| = \sqrt{\sum_{i=1}^{n} x_i^2} \qquad [3-1]$$

　ここで，式から明らかなように，要素の値が全般に大きいほど $\|x\|$ の値も大きくなります。また，図3-1の b ベクトルは，a ベクトルに比べて，どの要素の値も2倍になっていますが，それに対応して，ベクトルの長さも，$\|b\| = \sqrt{2^2+4^2} = \sqrt{20} = 2\sqrt{5}$ となり，a ベクトルの2倍になります。

▶▶▶▶ 2つのベクトルの成す角

　図3-1の θ_{ac} のように各ベクトルの始点を揃えたときに2つのベクトルによって作られる角を，それらのベクトルの成す角と言います（θ_{ac} の場合は，a ベクトルと c ベクトルの成す角，ということです）。当然のことながら，2つのベクトルの成す角の大きさは，ベクトルの方向が完全に同じであれば0°になります。そして，方向が大きく異なるほど大きくなり，2つのベクトルの方向が正反対であれば180°になります（したがって，a ベクトルと d ベクトルの成す角および b ベクトルと d ベクトルの成す角の大きさは180°です）。

▶▶▶▶ ベクトルの和と差

　要素の数が等しい場合，ベクトルは足したり引いたりすることができます。たとえば，図3-2の x ベクトルに y ベクトルを足すということは，x ベクト

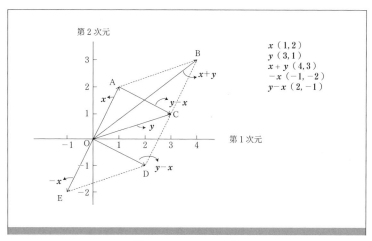

図3-2　ベクトルの和と差

ルの終点である（1, 2）から，さらに y ベクトルと同じ方向（y ベクトルの終点に向かう方向ではなく，y ベクトルを表わす線分と平行な直線に沿った方向）に y ベクトルと同じ長さだけ（すなわち，右に3，上に1）移動したところである点Bを終点とする，ということです（始点は原点（0, 0）です）。ということは，図中の平行四辺形OABCの対角線の1つである線分OB（点Oから点Bに向かう線分）が x ベクトルと y ベクトルの和のベクトルであることになります。そして，点Bの位置が（4, 3）と表わされるところであることが例示しているように，和のベクトルの各次元の要素の値は，単純に，足した2つのベクトルの各次元の要素の値の和になります。

　また，y ベクトルから x ベクトルを引くということは，y ベクトルに $-x$ ベクトル（x ベクトルと長さは同一であるが，方向が正反対であるベクトル）を足すことと同じなので，図3-2における線分OD（点Oから点Dに向かう線分）が y ベクトルから x ベクトルを引いた差のベクトルであることになります。y ベクトルの終点から，さらに x ベクトルと正反対の方向に x ベクトルと同じ長さだけ（すなわち，左に1，下に2）移動したところである点Dを終点とする，と言うこともできます。そして，始点が異なっていても，方向と長さが同一であれば同じベクトルであることになるので，y ベクトルから x ベク

トルを引いた差のベクトルは，図中の平行四辺形 OABC の（OB ではない方の）対角線である線分 AC（点 A から点 C に向かう線分）であることにもなります。ですから，差のベクトルは，引く側のベクトルの終点から引かれる側のベクトルの終点に向かうベクトルである，とも言えます。また，点 D の位置が（2，-1）と表わされるところであることが例示しているように，差のベクトルの各次元の要素の値も，単純に，引かれたベクトルと引いたベクトルの各次元の要素の値の差になります。

▶▶▶▶ **ベクトルの内積と余弦**

以下の［3-2］式のように，要素の数が等しい 2 つのベクトルに関して，対応する各要素の値の積を求め，それらを合計した値をベクトルの内積と言います。ここで，太文字で示されている（x, y）という記号はベクトル x とベクトル y の内積を表わす記号であり，x_i と y_i はそれぞれのベクトルの各要素，n は要素の数です。

$$(x, y) = \sum_{i=1}^{n} x_i y_i \qquad [3-2]$$

たとえば，図 3-1 の a ベクトルと c ベクトルの場合は，$(a, c) = 1 \times 2 + 2 \times 1 = 4$ となります。また，ベクトルの内積は，次の［3-3］式のように，2 つのベクトルの長さの積にそれらのベクトルの成す角の余弦を掛けることによっても算出されます。

$$(x, y) = \| x \| \| y \| \cos \theta \qquad [3-3]$$

ちなみに，多くの人にとっては説明する必要がないかもしれませんが，余弦（$\cos \theta$）というのは，図 3-3 のような，原点 O（0,0）を中心とした半径 1 の円周上を動く点 P と，点 P から x 軸に垂線を引いたときの交点 Q と，原点 O の 3 点を結んでできる直角三角形における「底辺（OQ）の長さの斜辺（OP）の長さに対する比」のことを意味しています。ここで，点 P は半径 1 の円周上を動くのですから，斜辺の長さは点 P が円周上のどこにあっても円の半径である 1 です。これに対して，底辺の長さは点 P が円周上のどこにある

3章 標準偏差と相関係数のベクトルによる表現と変数の合成　77

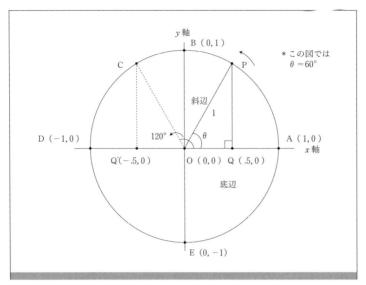

図3-3　余弦（$\cos\theta$）についての説明

かによって角の大きさである θ の値とともに変化します。ですから，底辺の長さの斜辺の長さに対する比である余弦の値は，θ の値とともに変化する底辺の長さによって決まります。具体的には，たとえば，点Pが図のように θ が $60°$ になる位置にある場合には，（三角定規の1つと同じように）底辺の長さが斜辺の長さの半分になるので，$\cos 60° = .5$ となります。また，点Pが点Aに近い位置にあるほど θ の値は小さくなるとともに，底辺の長さは斜辺の長さに近づきます。そして，点Pが点Aと重なって $\theta = 0°$ になったとき，底辺の長さと斜辺の長さが等しくなって，余弦の値は1になります（すなわち，$\cos 0° = 1$ です）。さらに，点Pが点Bに近い位置にあるほど θ の値は $90°$ に近づくとともに，底辺の長さは0に近づきます。そして，点Pが点Bと重なって $\theta = 90°$ になったとき，底辺の長さが0になって，余弦の値も0になります（すなわち，$\cos 90° = 0$ です）。それから，点Pが左半分の円周上にあって，θ が $90°$〜$270°$ の範囲の値であるときは，点Qの x 座標の値が負になるので，少し違和感があるかもしれませんが，底辺の長さの値も負であると考えます（斜辺の長さは常に $+1$ です）。ですから，θ が $90°$〜$270°$ の範囲の値であるときは，

余弦の値も負になります。また，θ が $z°$（z は任意の値）のときにできる直角三角形と $(180-z)°$ のときにできる直角三角形は y 軸を対称軸とした線対称な位置にある合同な図形になるので，$\cos(180°-\theta) = -\cos\theta$ になります。たとえば，点 P が点 C の位置にあって θ が120°である場合には，$-\cos 60°$ で $-.5$ になります。また，点 P が点 D の位置にあって $\theta = 180°$ である場合には，$-\cos 0°$ で -1 になります。

さて，［3-2］式と［3-3］式から，$\Sigma x_i y_i = \|x\|\|y\|\cos\theta$ となり，これを $\cos\theta$ について解くと，次の［3-4］式のようになります。

$$\cos\theta = \frac{\sum_{i=1}^{n} x_i y_i}{\|x\|\|y\|} \qquad [3-4]$$

そして，この式の右辺の値を図3-1の a ベクトルと c ベクトルの場合で算出すると，$4 \div (\sqrt{5} \times \sqrt{5})$ で，$.8$ になります。ということは，$\cos\theta = .8$ であり，関数電卓などを使って余弦の値が $.8$ になる角度を求めると，$\theta \fallingdotseq 37°$ となり，図から視認されるおおよその角度に対応しています。すなわち，$\Sigma x_i y_i = \|x\|\|y\|\cos\theta$ であることが確かにあてはまっているということです[1]。

標準偏差のベクトルによる表現

ここまでは，統計に関することそのものではない内容でしたが，ここからは，ベクトルと標準偏差や相関係数などの統計的指標との関わりについて説明します。

まず最初は，標準偏差はベクトルにおける何に対応するのか，ということについてです。多くの場合，各変数に関する測定結果は数値で表わされています。ということは，そのようなデータは n 個の数値を配列したものなので，n 次元ベクトルであることになります（n はデータ数です）。そして，結論を先

---

[1] ベクトルの内積の意味や $\Sigma x_i y_i = \|x\|\|y\|\cos\theta$ になることの証明については，高校の数学の教科書などを参照してください。

に言ってしまうと，各変数をベクトルで表わした場合，その長さがそれぞれの変数の標準偏差の大きさに対応していることになります。ただし，正確に言えば，「ベクトルの長さ＝標準偏差」ではなく，「ベクトルの長さ＝標準偏差×$\sqrt{n}$」となります（各変数に関する測定が同一の対象について行なわれているならば，欠損値がない限り，どの変数もデータ数が等しいので，ベクトルの長さが各変数の標準偏差の大きさを表わしていると考えても実質的には問題ありません）。それから，この場合のベクトルは，($x_1, x_2, \cdots, x_n$）というようにローデータの値を書き並べたものではなく，($x_1-\bar{x}, x_2-\bar{x}, \cdots, x_n-\bar{x}$）というように各測定値の平均値からの偏差の値を書き並べたものです（このことは，次項以降でも同様です）。ですから，たとえば，｛2,3,7｝という $n=3$ のデータでは，$\bar{x}=4$ なので，($-2, -1, 3$）というベクトルだと考えることになります。

なお，このように，平均値からの偏差に変換されたデータを，**中心化されたデータ**と言い，ローデータをそのようなデータに変えることを，**中心化を行なう**，などと言います。また，13ページに記したように各測定値の平均値からの偏差の総和は必ず0になるので，中心化されたデータの中心である平均値も必ず0になります（このような意味では，「中心化とは，平均値が0になるような変数に変換することである」とも言えます）。

さて，各測定値の平均値からの偏差に関するベクトルだということは，［3-1］式より，その長さは，$\sqrt{\sum(x_i-\bar{x})^2}$ であり，これはこのデータの変動の（正の）平方根であることになります。そして，標準偏差は変動をデータ数で割った値である分散の正の平方根ですから，標準偏差は変動の平方根を $\sqrt{n}$ で割った値だとも言えます。ということで，「ベクトルの長さ＝標準偏差×$\sqrt{n}$」になるわけです。標準偏差は，データの散らばりの大きさである散布度の指標でした。そして，それは，「データの散らばりが大きいということは各測定値の平均値からの偏差（の絶対値）が全般に大きいことでもある」という考えに基づいて定義されていました。ですから，各測定値の平均値からの偏差に関するベクトルを問題にした場合，その要素が全般に大きいということは，そのベクトルの長さが長いということであるとともに，各測定値が全般に平均値から大きく離れているということで，標準偏差の値も大きくなるわけです。

それでは，データの具体例を提示します。まず，上記の $\{2, 3, 7\}$ というデータでは，平均値からの偏差に関するベクトルは $(-2, -1, 3)$ でした（ここでは，これを x ベクトルとします）。ですから，この x ベクトルの長さは，$\sqrt{(-2)^2 + (-1)^2 + 3^2}$ で，$\sqrt{14}$ になります。これはこのデータの変動の平方根でもあり，この値を $\sqrt{3}$ で割った値が標準偏差で，2.16 になります。次に，上記のデータの各値を2倍した $\{4, 6, 14\}$ というデータについて考えてみます。$\{2, 3, 7\}$ というデータでは（各測定値を大きさの順に並べたときの）隣接する2つずつの値の間の間隔が $\{1, 4\}$ であったのが，$\{4, 6, 14\}$ というデータでは $\{2, 8\}$ というように，2倍ずつになっています。つまり，データの散らばりの大きさが2倍になっているということであり，それに応じて，平均値からの偏差も，$(-4, -2, 6)$ というように，いずれの値も2倍になっています（これを y ベクトルとします）。そして，この平均値からの偏差に関するベクトルの長さは，$\sqrt{(-4)^2 + (-2)^2 + 6^2}$ で，$\sqrt{56}$（すなわち，$2\sqrt{14}$）であり，$\{2, 3, 7\}$ というデータの場合の2倍になります。また，標準偏差も，$\{2, 3, 7\}$ というデータの場合の2倍である 4.32 になります（図3-4 は，以上の2つのベクトルを図示したものです）。さらに，$\{2, 3, 7\}$ と

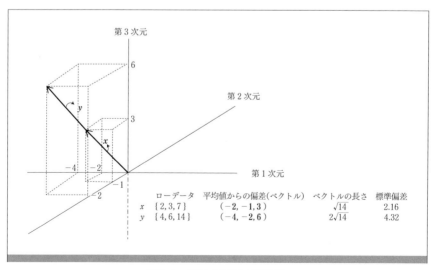

図3-4　ベクトルの長さと標準偏差

いうデータの各値を−2倍した｛−4,−6,−14｝というデータでも，隣接する2つずつの値の間の間隔が｛1,4｝であったのが，｛2,8｝というように，2倍ずつになるので，標準偏差はもとのデータの2倍になります。以上のことから，すべての測定値に対して「定数を掛ける」ということを行なうと，行なった後のデータの標準偏差は行なう前のデータの標準偏差の｜定数｜倍になることがわかります。

　なお，上記のように $x_i - \bar{x}$ の平均値は0ですから，$\Sigma(x_i-\bar{x})^2$ を $\Sigma\{(x_i-\bar{x})-0\}^2$ と表記すれば，$\Sigma(x_i-\bar{x})^2$ は，x_i の変動であるだけでなく，$x_i-\bar{x}$ の変動であることにもなります。また，これをデータ数で割った値も，x_i の分散であるだけでなく，$x_i-\bar{x}$ の分散であることにもなります。そして，以上のように，平均値が0である中心化されたデータに関しては，値が全般に小さいことは，変動，分散，標準偏差が小さいことと対応しています。ですから，中心化されているデータに関しては，変動や分散が小さいということは，データの値（そのもの）が全般に小さいことを意味しており，変動や分散が0だということは，値がすべて0であるということになります（これに対して，たとえば，平均値が100であれば，変動が0であっても，データの値はすべて100だということであり，データの値が全般に小さいことにはなりません）。このことは，『補足本Ⅱ』以降の巻で解説する誤差変動や誤差分散の大きさと誤差そのものの大きさの対応関係について理解する上で重要になりますので，認識しておいてください。

　それから，｛2,3,7｝の各値に1を加えると，｛3,4,8｝となり，平均値は4であったものが1大きくなって5になりますが，隣接する各値の間の間隔は｛1,4｝のままであるとともに，平均値からの偏差に関するベクトルも（−2, −1, 3）のままです（個々の値が1ずつ大きくなるのに伴って平均値も1大きくなるのですから，個々の値と平均値の差が変わらないのは当然のことですが）。ですから，すべての測定値に対して「一定の値を加える」または「一定の値を引く」ということを行なっても，行なう前のデータと行なった後のデータの標準偏差は変わりません（また，ベクトルの方向も変わりません）。

相関係数のベクトルによる表現

［3-4］式の2つのベクトル要素が，ローデータではなく，各測定値の平均値からの偏差である場合，［3-4］式は，次の［3-5］式のように書き換えられます。

$$\cos\theta = \frac{\sum_{i=1}^{n}(x_i-\bar{x})(y_i-\bar{y})}{\|\boldsymbol{x}_i-\bar{\boldsymbol{x}}\|\,\|\boldsymbol{y}_i-\bar{\boldsymbol{y}}\|} \qquad [3-5]$$

そして，「ベクトルの長さ＝変動の平方根」なのですから，この［3-5］式の右辺は，35ページの［2-1］式の右辺と同一であることになります[2]。したがって，

$$r = \cos\theta \qquad [3-6]$$

であり，2つの変数の相関係数は，それらの変数のベクトルの成す角の余弦と等しいことになります[3]。ですから，たとえば，$\cos 60° = .5$ なので，図3-5に示したように，2つの変数の相関係数の値が.5であるということは，それらの変数のベクトルによって作られる角の大きさが60°であることになります。また，2つの変数の間に直線的関係が完全にあり，$r=1$ であるということは，2つの変数のベクトルの成す角の大きさが0°である（すなわち，それらのベクトルが完全に同一の方向を向いている）ということであり，逆に，$r=-1$ であるということは，2つの変数のベクトルが正反対の方向を向いているということです。つまり，$r=-1$ であるということは，2つの変数の間に関係がないのではなく，「正反対の方向を向いているという関係がある」ということです。そして，2つの変数の間に（直線的な）関係がなく，$r=0$ である場合には，それらの変数のベクトルによって作られる角の大きさが90°になります（すなわち，2つのベクトルが直交します）。図3-5に，種々のケース

---

2) ［3-2］式の x_i, y_i が $x_i-\bar{x}$, $y_i-\bar{y}$ であるということは，ベクトルが平均値からの偏差に関するものである場合，ベクトルの内積は，2つの変数の共変動に対応していることになります。

3) 余弦の値の範囲は $-1 \sim +1$ なので，［3-6］式からも $-1 \leq r \leq +1$ であることがわかります。

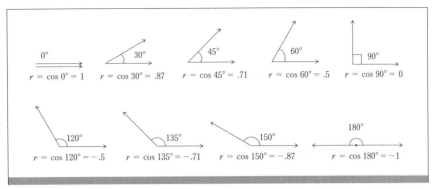

図 3-5　2つの変数の相関係数の値とそれらの変数のベクトルの成す角の大きさの対応関係

について2つの変数の相関係数の値とそれらの変数のベクトルの成す角の大きさの対応関係を例示したので，「rの値が〇〇であるということは，それらの変数のベクトルがどれくらいの角度で交わっていることになる」ということが直観的にイメージできるようになってください。

それでは，次に，標準偏差の場合と同様に，データの具体例を提示します。まず，図 3-6 のような $n=3$ のデータについて考えてみます[4]。

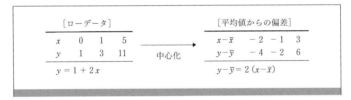

図 3-6　$r=1$ になるローデータとそれを中心化したデータ

左側のローデータを見ると，x の値が大きいほど y の値も大きくなっていて，すべての対象において $y=1+2x$ という1次関数関係が成立しています。ですから，$r=1$ になります。しかし，この場合，x と y の間に $y=a+$

---

[4] n が4以上だと，各次元の値を示しながら矢印付の線分によってベクトルを表示することができないので，図 3-4 や図 3-8 のような図が描けなくなってしまいます。また，$n=2$ だと，各々の変数における各測定値の平均値からの偏差が，どのようなデータであっても a と $-a$ になり，r は1か -1 不定のいずれかにしかなり得ません（a は2つの測定値の差を2で割った値であり，たとえば，ある変数のデータが $\{1,3\}$ であれば，それらの偏差は $(-1, 1)$ になります）。以上が $n=3$ の場合で説明する理由です。

bx という1次関数関係は完全に成立していますが，$x=0$ のときの y の値である切片 a の値が0ではないため，図3-7の(a)に示したように，プロットされた各点にフィットする直線は，原点（0,0）を通りません。そして，（0,0）を通らない直線であるということは，x と y の間に「一方の変数の値は，常に，他方の変数の値の b 倍になる」という比例関係が成立していない，ということです[5]。ここで，図3-1の $\boldsymbol{a}$ ベクトルと $\boldsymbol{b}$ ベクトルの関係を例として説明したように，「一方のベクトルの各要素の値＝定数×他方のベクトルの各要素の値」という比例関係が成立していれば，2つのベクトルは同一の方向（もしくは，正反対の方向）のベクトルになります。ということは，ローデータをベクトルの要素だと考えた場合には，$r=1$ であっても，このような比例関係が成立していないのですから，それらのベクトルの方向は同一にはなりません。

では，ベクトルの要素が各測定値の平均値からの偏差である $x_i - \bar{x}$ と $y_i - \bar{y}$

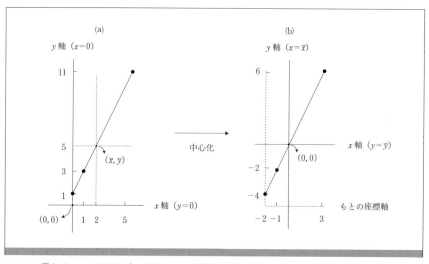

図3-7　$r=1$ であれば $x-\bar{x}$ と $y-\bar{y}$ の間に比例関係が完全に成立することについての説明

---

[5] したがって，x と y の間に正の相関関係があっても，$a \fallingdotseq 0$ でない限り，「x と y の間には比例関係がある」などと記述してはいけません。また，負の相関関係が認められる場合にも，「x と y の間には反比例の関係がある」などと記述してはいけません（そもそも，「$xy=$ 一定」という式で表わされる反比例の関係は，直線的なものではありません）。このような記述をたまに見かけますので，あえて記しました。

の場合は，どうなるでしょうか．各測定値の平均値からの偏差について検討するということは，xとyの各々において各測定値がそれぞれの変数の平均値から＋または－の方向のどちらにどの程度離れているかを問題にする，ということです．ということは，図3-7の(b)のように，$y_i-\bar{y}=0$（すなわち，$y=\bar{y}$）の直線をx軸，$x_i-\bar{x}=0$（すなわち，$x=\bar{x}$）の直線をy軸とした2つの座標軸上での各対象のx座標の値とy座標の値の関係を問題にするということであり，(a)のローデータに関する座標軸上の$(\bar{x},\bar{y})$が原点（0,0）になります．そして，このような新たな座標軸上では，図3-7の(b)に例示したように，$r=1$であれば，プロットされた各点にフィットする直線は必ず原点（0,0）を通り，図3-6の右側に示したように，$x_i-\bar{x}$と$y_i-\bar{y}$の間には$y_i-\bar{y}=b(x_i-\bar{x})$という比例関係が完全に成立することになります（このことは，$r=-1$の場合にも，比例定数bが負の値になるだけで，同様にあてはまります）．そして，そのため，図3-8のように，各対象の測定値の平均値からの偏差の値をベクトルの要素とみなして，それらのベクトルを3次元空間上に図示すると，$\boldsymbol{x}$ベクトルと$\boldsymbol{y}$ベクトルは，長さは後者の方がb倍（この場合は，比例定数が2なので，2倍）になりますが，方向は完全に一致します．

　次に，図3-9を見てください．このデータでは$y'=11-2x$という傾きbが負の1次関数関係が完全に成立しているので，$r=-1$になります．そして，このような場合には，中心化を行なって平均値からの偏差にすると，$y_i'-\bar{y}'=-2(x_i-\bar{x})$という比例関係が完全に成立するとともに，比例定数$b$が負の値になります．ですから，図3-8に示したように，$\boldsymbol{x}$ベクトルと$\boldsymbol{y}'$ベクトルの方向は正反対になります．

　それから，図3-10は，$r=0$になるデータの例です．実際，相関図を作成しても，平均値からの偏差に変換しても，xとy''の間には直線的関係は認められません（フリーハンドで大ざっぱに描くだけでいいので，自分で相関図を作成してみてください）．このようなデータでは，平均値からの偏差に関するベクトルの内積である共変動が0になります（このデータの場合には，$(-2)\times 4+(-1)\times(-5)+3\times 1$で，0です）．また，図3-8に示したように，2つのベクトルは直交します．

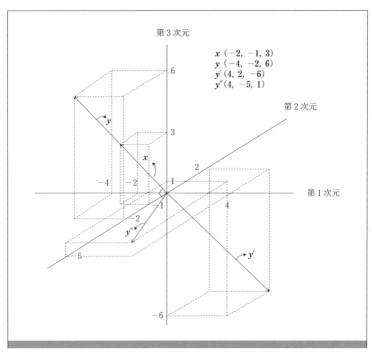

図3-8　$r=1$，$r=-1$，$r=0$ の相関関係にあるデータのベクトルによる例示

```
      [ローデータ]                    [平均値からの偏差]
    x    0   1   5                  x-x̄    -2  -1   3
    y'  11   9   1       中心化      y'-ȳ'    4   2  -6
    y' = 11 - 2x                     y'-ȳ' = -2(x-x̄)
```

図3-9　$r=-1$ になるローデータとそれを中心化したデータ

```
      [ローデータ]                    [平均値からの偏差]
    x    0   1   5                  x-x̄    -2  -1   3
    y"  10   1   7       中心化      y"-ȳ"    4  -5   1
```

図3-10　$r=0$ になるローデータとそれを中心化したデータ

変数の合成と統計量の値

　データ分析を行なう際には，国語のテストの得点と算数のテストの得点の合計点を個人ごとに算出したり，同じ人たちに同じことについての測定を2回行なって，2回目の値と1回目の値の差である変化量を算出したりすることが多々あります。そこで，ここでは，2つの変数の値を単純に足す場合と引く場合に限定して，このような**変数の合成**を行なったときに，和の値および差の値の平均値，変動，分散，標準偏差が，個々の変数のそれらの値とどのような関係にあるかについて説明します。

▶▶▶▶ 和の値と差の値の平均値

　まず，合成された変数である和の値および差の値の平均値と個々の変数の平均値の関係について説明します（これは，これまでに説明してきたベクトルに関することとは関係しない事柄です）。といっても，多分に自明のことなので，ここでは，証明などはせずに，例示しながら記述することのみをします。
　表3-1のような，変数 x と y に関する $n=5$ のデータについて考えてみます。和の値である $\{11, 4, 7, 10, 13\}$ の平均値（9）と，差の値である $\{9, 0, 1, 2, 3\}$ の平均値（3）は，それぞれ，各変数の平均値（x が3で，y が6）の和と差になっています。つまり，平均値に関しては，「まず個々の対象において和と差を出してから，それらを平均しても，先に各変数の平均値を出してから，それらの和と差を求めても，結果は同じになる」ということです。

表3-1　和の値と差の値の平均値，変動，分散，標準偏差（$r=0$ の場合）

対象	1	2	3	4	5	平均値	変動	分散（s^2）	標準偏差（s）
x	1	2	3	4	5	3	10	2	1.41 〈$\sqrt{2}$〉
y	10	2	4	6	8	6	40	8	2.82 〈$2\sqrt{2}$〉
$x+y$	11	4	7	10	13	9	?	?	?
$y-x$	9	0	1	2	3	3	?	?	?

▶▶▶▶ 和の値と差の値の変動，分散，標準偏差：$r=0$ の場合

次に，和の値および差の値の変動，分散，標準偏差と個々の変数のそれらの値の関係について説明します。まず，和および差を求める2つの変数の相関係数が0である場合です。

先に提示した表3-1のデータは，2章の「相関係数が特定の値になるデータの作成方法」の項（55〜58ページ）に記したことに基づいて，xとyの相関係数が0になるように作成したものです。また，説明の便宜上，表中に記したように，yの標準偏差がxの標準偏差の2倍になるようにしてあります（したがって，標準偏差を2乗した値である分散，および，分散のデータ数倍である変動に関しては，4倍になっています）。

さて，表の下2行に記した各対象における和の値と差の値を10ページの［1-1］式などに代入すれば，それぞれの変動，分散，標準偏差を求めることができます。しかし，そのようにしなくても，各変数のそれらの統計量の値のどれかがわかっていれば，和の値と差の値の変動と分散と標準偏差は，1秒もかからずに求めることができます。どのようにしたらよいのでしょうか。まずは各自で考えてみてください。

沈思黙考

では，説明します。まず先に答を提示してしまいます。和の値も差の値も，変動は50，分散は10で，標準偏差は分散の平方根ですから，$\sqrt{10}$で，3.16になります。つまり，この場合，和の値および差の値の変動と分散は，いずれも，各変数の各々の値を足すだけで求めることができるのです。ですから，1秒もかからないはずなのです。なぜ，このように求めることができるのでしょうか。思いつかない人は，「ベクトルの和と差」，「標準偏差のベクトルによる表現」，「相関係数のベクトルによる表現」の項を読み返して，もう少し自分で考えてみてください。……

では，再度，説明を続けます。各変数をベクトルで表わした場合，その長さがそれぞれの変数の標準偏差の値に対応していました。また，2つのベクトルの成す角の余弦が相関係数の値に対応していました。そして，表3-1のデータでは，$r_{xy}=0$ なので，$\cos\theta_{xy}=0$ で，$\theta_{xy}=90°$ になります。それから，表3-1のデータでは，$s_y=2s_x$ なので，yベクトルの長さはxベクトルの長さの2倍であることになります。

以上のことを踏まえて，xベクトルとyベクトルと和のベクトル（$x+y$）と差のベクトル（$y-x$）の関係を描いたものが図3-11です。この場合，xベクトルとyベクトルの成す角の大きさが 90°なので，和のベクトルと差のベクトルを2本の対角線とする図中の四角形は，単なる平行四辺形ではなく，長方形になります。そして，この長方形をどちらかの対角線によって2分割した三角形は，どれも直角三角形になるので，三平方の定理より，「和のベクトルの長さの2乗＝差のベクトルの長さの2乗＝xベクトルの長さの2乗＋yベクトルの長さの2乗」となります。そして，ベクトルの長さが標準偏差の値に対応しているので，長さの2乗は分散に対応していることになります。ですから，2つの変数の相関係数が0である場合，和の値の分散と差の値の分散は等しく，それらはいずれも各変数の分散の（単純な）和であることになり，これを記号を使って表現すると，

$$r_{xy}=0 \Rightarrow s_{x+y}^2 = s_{y-x}^2 = s_x^2 + s_y^2 \qquad [3-7]$$

となります。また，変動は分散をデータ数倍したものであり，各対象において和や差を求めるということは，通常，各変数のデータ数は等しいはずなので，

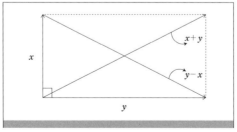

図3-11 表3-1のデータにおけるxベクトルとyベクトルと$x+y$ベクトルと$y-x$ベクトルの関係

変動についても，「和の値の変動＝差の値の変動＝各変数の変動の和」となります（当然のことながら，和の値および差の値の標準偏差は，［3-7］式によって求めたそれらの分散の正の平方根です）[6]。

なお，各対象における和の値 $\{11, 4, 7, 10, 13\}$ と差の値 $\{9, 0, 1, 2, 3\}$ を［1-1］式に代入したり，標準偏差を算出する機能が付いた電卓を使ったりして，和の値と差の値の変動，分散，標準偏差を直接算出し，［3-7］式によって求めた上記の 50, 10, 3.16 という値と一致することを確認してください。

▶▶▶▶ 和の値と差の値の変動，分散，標準偏差：$r \neq 0$ の場合

今度は，2つの変数の相関係数が0ではない場合です。表3-2のデータと先ほどの説明に用いた表3-1のデータを見比べてください。表3-2のデータは，表3-1のデータについて，yの5つの値の順番を変えることによって各対象におけるxの値とyの値の対が異なるようにしてあるだけで，用いている数値は表3-1のデータと同じです。ですから，表中に示したように，表3-2のデータにおけるxおよびyの変動，分散，標準偏差は，表3-1のデータの場合と同一です[7]。ですが，xとyの相関係数は，各対象におけるxの値とyの値の対が変わることによって，0ではなく，.5になっています。

表3-2 和の値と差の値の変動，分散，標準偏差（$r \neq 0$ の場合）

対象	1	2	3	4	5	変動	分散 (s^2)	標準偏差 (s)
x	1	2	3	4	5	10	2	1.41 $\langle \sqrt{2} \rangle$
y	4	2	10	8	6	40	8	2.82 $\langle 2\sqrt{2} \rangle$
$x+y$	5	4	13	12	11	?	?	?
$y-x$	3	0	7	4	1	?	?	?

$r_{xy} = .5$

---

[6] ［3-7］式は単純な式ですが，『ちょっと本Ⅰ』で取り上げる単回帰分析や測定の信頼性，『ちょっと本Ⅱ』で取り上げる分散分析の原理などについて理解する上ですごく重要になるので，接近可能性が高い知識（つまり，すぐに思い出せる状態）にしておいてください。

[7] 当然のことながら，1つひとつの変数における平均値や標準偏差などの統計量の値は，それぞれの変数の中での各対象の測定値の配列順には左右されません（要は，$\{1, 2, 3\}$ というデータでも，$\{2, 3, 1\}$ というデータでも，平均値や標準偏差は変わらない，ということです）。

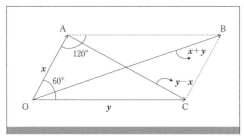
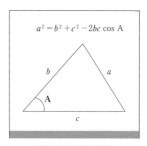

図3-12 表3-2のデータにおける x ベクトルと y ベクトルと x+y ベクトルと y−x ベクトルの関係

図3-13 余弦定理

さて，$r=0$ でない場合は，和の値および差の値の変動，分散，標準偏差と，各変数のそれらの値の間には，どのような関係があるのでしょうか。表3-2のデータでは，$r_{xy}=.5$ なので，$\cos\theta_{xy}=.5$ で，$\theta_{xy}=60°$ になります。また，各ベクトルの長さは表3-1のデータの場合と同じです。ですから，表3-2のデータの場合には，x ベクトルと y ベクトルと和のベクトルと差のベクトルの関係は図3-12のようになり，今度は三平方の定理は使えません[8]。そこで，$r=0$ でない場合には，直角三角形の場合に限定されない定理である余弦定理を使います（多くの人にとっては記す必要がないかもしれませんが，余弦定理というのは，三角形の3つの辺の長さと1つの角の大きさを図3-13のように表わした場合に，$a^2=b^2+c^2-2bc\cos A$ となる，というものです）[9]。

図3-12のケースに余弦定理をあてはめてみましょう。何度も記してきたように，ベクトルの長さ，すなわち辺の長さが標準偏差の値に対応しているとともに，$r=\cos\theta$ なので，まず差の値に関して，次の［3-8］式が成立することになります。

$$s_{y-x}^2 = s_x^2 + s_y^2 - 2\,r\,s_x s_y \qquad [3\text{-}8]$$

----

8) これは「通常は」であって，後述するように，この場合，差の値の変動，分散，標準偏差の算出に関しては，たまたま三平方の定理が適用できます。

9) A=90°であれば，$\cos A = 0$ で，余弦定理は三平方の定理と同一のものであることになります。したがって，余弦定理は三平方の定理を包括するものだと言えます。ですから，この項で記していることは，$r_{xy}=0$ の場合にも該当します。なお，余弦定理の証明については，必要であれば，高校の数学の教科書などで各自で学習してください。

また，図3-12における∠OAB = 180°−∠AOCであるとともに，cos（180°−θ）= −cosθなので，和の値に関しては，［3-8］式の右辺の第3項の符号が変わって，

$$s_{x+y}^2 = s_x^2 + s_y^2 + 2r s_x s_y \qquad [3-9]$$

となります（［3-8］式および［3-9］式の関係が成立することは，変動に関しても同様です）。

それでは，［3-8］式および［3-9］式を使って，表3-2のデータにおける和の値と差の値の分散を求めてみます。和の値については，$2 + 8 + 2 \times .5 \times \sqrt{2} \times 2\sqrt{2}$ で，14になります。差の値については，$2 + 8 - 2 \times .5 \times \sqrt{2} \times 2\sqrt{2}$ で，6です。また，変動については，［3-8］式および［3-9］式を使って同様に求めることもできますが，分散をデータ数倍すれば簡単に求められます。それから，標準偏差は分散の平方根です。それぞれ，和の値については，70と3.74，差の値については，30と2.45になります（以上の値についても，各対象における和の値 {5, 4, 13, 12, 11} と差の値 {3, 0, 7, 4, 1} を［1-1］式などに代入して直接算出した値と一致することを確認してください）。

なお，図3-12の△OACでは，∠AOCが60°で，AOとCOの長さの比が1：2になっています。ということは，△OACは，∠OACが90°の直角三角形であることになり，三平方の定理がたまたま適用できるケースになっています。そして，もう1つの辺であるACの長さとAOの長さの比が $\sqrt{3}$：1になるので，表3-2のデータにおける差の値の標準偏差は，x ベクトルの長さである x の標準偏差に $\sqrt{3}$ を掛けることによっても求められます。また，∠OAC = 90°なので，この場合，x ベクトルと $y-x$ ベクトルは（たまたま）直交していることになります。ですから，表3-2のデータでは，x と $y-x$ の相関係数は0になるはずです（これについても，実際に計算をして，確認してください）。

それから，x と y の標準偏差が等しい場合，和のベクトルと差のベクトルを2本の対角線とする図3-12の四角形OABCは，すべての辺の長さが等しくなるので，単なる平行四辺形ではなく，ひし形になります。そして，ひし形の2

本の対角線は垂直に交わるので，和の値と差の値の相関係数は0になります。これを式にすると，

$$s_x = s_y \Rightarrow r_{x+y \cdot y-x} = 0 \qquad [3\text{-}10]$$

ということになります。

▶▶▶▶ 2つの変数の相関と和の値の標準偏差

[3-9] 式より，2つの変数の和の値の標準偏差は，各変数の標準偏差の値が所与であるとき，2つの変数の相関係数が大きいほど大きくなることがわかります。これは，図3-12において，AOとCOの長さが決まっているときに，∠AOCが小さく，xベクトルとyベクトルの方向が近いほど，$x+y$ベクトルの長さが長くなることに対応しています。そして，$r_{xy}=1$の場合，[3-9] 式は，

$$\begin{aligned} r_{xy} = 1 \Rightarrow s_{x+y} &= \sqrt{s_x^2 + s_y^2 + 2s_x s_y} \\ &= \sqrt{(s_x + s_y)^2} \\ &= s_x + s_y \end{aligned} \qquad [3\text{-}11]$$

となるので，和の値の標準偏差は各変数の標準偏差の和になります。そして，これは，∠AOC＝0°であれば，$x+y$ベクトルの長さがxベクトルの長さとyベクトルの長さの和になることに対応しています。また，逆に，2つの変数の相関係数が−1に近い値であるほど，和の値の標準偏差は小さくなり，$r=-1$であれば，和の値の標準偏差は各変数の標準偏差の差（の絶対値）になります。

以上のことは，2人の人がある物体を一緒に押したり引いたりするときに，2人が加える力の向きが同じであるほど力が合わさる際のロスが小さく，合力が大きくなることに対応しています。そして，散らばりが大きい変数ほど有意味な変数であると考えられる場合には，強い正の相関関係にある変数どうしを足した方が有意味な変数が構成されることになる（逆から言えば，負の相関関係にある変数の和は有意味な変数にならない可能性が高い）ことを示唆してい

ます（散らばりが小さい変数であるほど，通常は，その散らばりの原因を調べたり，その散らばりの他の変数の散らばりへの影響について検討する意味が小さいと考えられるので，このようなことがあてはまることは多いと思います）。

▶▶▶▶ 2つの変数の相関と差の値の標準偏差

［3-8］式より，2つの変数の差の値の標準偏差は，各変数の標準偏差の値が所与であるとき，和の値の場合とは逆に，2つの変数の相関係数が大きいほど小さくなることがわかります。そして，$r_{xy} = 1$ かつ $s_x = s_y$ であれば，差の値の標準偏差は0になります（これは，図3-12において，xベクトルとyベクトルが長さも方向も同じである場合をイメージすればうなずけると思います）。自明のことを記しているように思われるかもしれませんが，このようなことも，『補足本II』で解説する対応がある場合の t 検定などについて理解する際に必要になります。

▶▶▶▶ 個々の値と和の値，差の値の相関

図3-12において∠COBが∠AOBよりも小さいことが例示しているように，和の値のベクトルの向きは，標準偏差が小さい方の変数よりも大きい方の変数のベクトルの向きに近くなります。ですから，標準偏差が大きい方の変数の方が和の値との相関係数が大きくなります（表3-2のデータでは，x と $x+y$ の相関係数は.76であるのに対して，y と $x+y$ の相関係数は.94になります）。ということは，和の値は散らばりが大きい方の変数に強く規定されるということであり，たとえば，2つの教科のテストの合計点によって入試の合否判定をする場合，標準偏差が大きい方のテストの得点の方が合否を大きく左右することになります。そして，極端な例ですが，図3-14に例示したように，$r_{xy} = -1$で，$s_x > s_y$ であれば，$r_{x \cdot x+y} = 1$ となって，合計点のベクトルは散らばりが大きい方の変数のベクトルと方向が完全に一致します。すなわち，この場合，合否の結果は合計点で判定しても散らばりが大きい方の教科のテストの得点のみに基づいて判定しても同じであり，散らばりの小さい方の教科の得

一方の変数の値と和の値の相関係数が1になるデータ						
対象	1	2	3	4	5	標準偏差 (s)
x（教科1の得点）	40	50	60	70	80	14.1 $\langle 10\sqrt{2} \rangle$
y（教科2の得点）	70	65	60	55	50	7.1 $\langle 5\sqrt{2} \rangle$
$x+y$	110	115	120	125	130	7.1 $\langle 5\sqrt{2} \rangle$

$s_x = 2s_y$, $r_{xy} = -1$, $r_{x \cdot x+y} = 1$, $r_{y \cdot x+y} = -1$

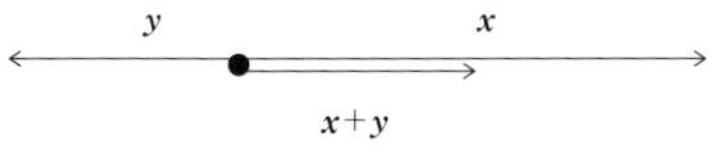

図3-14 $r_{xy} = -1$ で $s_x > s_y$ であれば $r_{x \cdot x+y} = 1$ になることの例示

点は合否にまったく関わっていないことになってしまうのです。

なお，図3-12から推察されるように，差の値と個々の値の相関も，標準偏差が大きい方の変数の方が（絶対値が）大きくなります．もう少し具体的に記すならば，引かれる方の変数（図3-12では y）の標準偏差が引く方の変数（図3-12では x）の標準偏差に比べて顕著に大きいほど，差の値と引かれる方の変数の相関係数が大きくなります．また，逆に，引く方の変数の標準偏差が引かれる方の変数の標準偏差に比べて顕著に大きいほど，差の値と引く方の変数の相関係数は負で絶対値が大きくなります．

3章 練習問題

【練習問題 3-1】 変数 y の標準偏差は変数 x の標準偏差の 3 倍です。また，x と y の相関係数は $-.87\left[-\frac{\sqrt{3}}{2}\right]$ です。これらのことをベクトルによって図示してください。

◯【練習問題 3-2】 r_{xy} と r_{xz} がともに .5 であるとき，r_{yz} の値のとり得る範囲を推論してください。また，この問題が示唆しているであろうことを考えてください。

▶【練習問題 3-3】 【練習問題 3-2】において r_{yz} の値が最小となるデータの例を，データ数が 3 の場合で考えてください。

▶【練習問題 3-4】 ある高校の期末テストにおいて，数学では平均値が 60，標準偏差が 12 で，社会では平均値が 70，標準偏差が 16 でした。また，両教科の得点の相関係数は 0 でした。このようなとき，数学と社会の合計点の標準偏差は，いくらになるでしょうか。

◯【練習問題 3-5】 次のデータにおける以下の ①〜⑤ の値を推論してください。

x	1	2	3	4	5
y	4	6	3	5	7

① y の分散　　② $y-x$ の標準偏差　　③ x と y の相関係数
④ $x+y$ の標準偏差　⑤ $x+y$ と $y-x$ の相関係数

* x の標準偏差は $\sqrt{2}$ です。
* 答えが無理数であるときは，$\sqrt{}$ が付いたまま解答してください。
* いずれの問いも，各統計量を求める式を覚えていなくても解答できるものです。また，余弦定理を適用する必要もありません。
* ③については，2章の「相関係数が特定の値になるデータの作成方法」の項（55〜58ページ）に記したことを使わずに考えてください。

【練習問題3-6】 変数 x と変数 y の標準偏差が等しいとき，x と y の和の値の標準偏差が各々の変数の標準偏差よりも小さくなる（$s_{x+y} < s_x = s_y$ になる）のは，x と y の相関係数がどのような場合でしょうか。

【練習問題3-7】 100人の人を対象にして，結果が0〜10までの範囲の数値で示されるある検査を2回にわたって実施したところ，平均値と標準偏差が，1回目は，4.8, 2.0 で，2回目は，6.1, 1.5 でした。また，各対象において変化量（2回目の値－1回目の値）を算出しました。1回目の値と2回目の値の相関係数が以下の①〜③のそれぞれの値であるとき，変化量の平均値と標準偏差は，いくらになるでしょうか。

* 答えが無理数であるときは，$\sqrt{}$ が付いたまま解答してください。

① 0　　② .5　　③ －1

【練習問題3-8】 $s_x = 4s_y$, $r_{xy} = .5$ であるとき，次の①〜④に答えてください。

① $r_{x \cdot x+y}$ および $r_{y \cdot x+y}$ の符号は，どうなるでしょうか。
② $r_{x \cdot y-x}$ および $r_{y \cdot y-x}$ の符号は，どうなるでしょうか。
③ $r_{x \cdot x+y}$ と $r_{y \cdot x+y}$ の大小関係は，どうなるでしょうか。
④ $r_{x \cdot y-x}$ と $r_{y \cdot y-x}$ の絶対値の大小関係は，どうなるでしょうか。

4章 変数の変換
: 『ごく初歩本』の5章の補足

変数の変換とは

　データの値を一定のルールに従って異なる値に変えることを，**変数の変換**または**データの変換**と言います。データの値を測定に用いたものとは異なる尺度（ないし，単位）上の値に変えること，と言ってもよいと思います。本書では主に1つの数式によって表わされる関数を用いる場合を取り上げますが，そのような場合だけでなく，各測定値がデータ全体の中で何番目に大きい（または，小さい）かという，ローデータを順位に変換する（順位化する）場合や，測定値の大きさに基づいて，各対象を，高群，中群，低群といった複数の群のいずれかに分類する場合なども含みます。また，2章の60ページの脚注11)に記したような，質的変数に関してダミー変数を構成することも，変数を変換していることになります[1]。

---

[1] 『ごく初歩本』の7ページに「量的に変化する特性だけが変数になるのではない」ということを記したように，統計的データにおける値というものは，数値によって表わされているものだけではありません。

線形変換

$y' = a + by$ という1次関数式を用いて，ある量的変数（y）の値を別の量的変数（y'）の値に変える変換を，1次関数というものは2つの変数の間に直線的関係があることを想定して適用されるものであることから，**線形変換**（linear transformation）と言います。たとえば，m単位で表わされている身長についてのデータ（y）をcm単位の値（y'）で表わし直す場合は，$y' = 100\,y$ という，加算定数aが0で，1次の係数bが100の線形変換を行なっていることになります。また，3章で取り上げた中心化を行なうことも，各測定値（y）を平均値からの偏差（$y - \bar{y}$）に変えるのですから，$y' = -\bar{y} + y$ という，加算定数aが$-\bar{y}$で，1次の係数bが1の線形変換であることになります。

なお，図4-1に例示したように，線形変換では，尺度上のどの位置においても，変換前の尺度における一定の差は，変換後の尺度においても一定の差を示します。すなわち，$y_2 - y_1 = y_4 - y_3$ であれば，必ず $y'_2 - y'_1 = y'_4 - y'_3$ になります。これが，後述する非線形変換との基本的な相違点です。

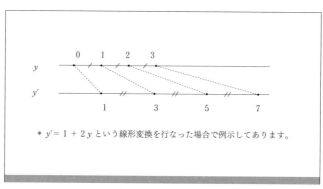

図4-1　線形変換における変換前の尺度上での差の値と変換後の尺度上での差の値の関係

線形変換による平均値と標準偏差の変化

『ごく初歩本』の126〜128ページで解説したように,変換前の平均値と変換後の平均値の関係は,$\bar{y}' = a + b\bar{y}$ になります。すなわち,個々の測定値に対して行なった変換式通りに平均値も変化するという,多分に自明である関係です。たとえば,ある100点満点のテストを行なったところ,全体にかなり出来が悪くて,平均値が28点という非常に低い値だったので,60点以上は可とする最終的な評価をする前に,全員一律,もとの点を2倍して10を足す,という仏様のような施し(?)をしたとします。このような場合,2倍して10を足した後の得点の平均値は,$10 + 2 \times 28$ で,66になる,ということです。

これに対して,変換後の標準偏差の値は,加算定数 a に関わりなく,$s_{y'} = |b| s_y$ となります。これは,y を2倍した値も-2倍した値も,標準偏差はもとの値の標準偏差の2倍であり,2倍ないし-2倍した後,それにどのような値を足したり引いたりしても標準偏差の値は変化しない,ということです(このようになる理由については,3章の「標準偏差のベクトルによる表現」の項を参照してください)[2]。

標準化と標準得点

平均値と標準偏差が特定の値になるように行なわれる変換を**標準化**(standardization)と言い,変換された値を**標準得点**(standard score)と言います。標準化は,通常,平均値が0で標準偏差が1になるように,次の[4-1]式によって行なわれ,この式によって算出された標準得点は,**z 得点**(z-score)とも呼ばれます(以下,標準得点と記されていたら,この[4-1]式

---

2) この項に記したことの数式を用いた証明については,『テクニカルブック』の28ページを参照してください。なお,$s_{y'} = |b| s_y$ であることは,今後,さまざまな箇所で活用されるので,しっかり認識しておいてください。

によって算出された値のことだと思ってください)。

$$z_i = \frac{y_i - \bar{y}}{s_y} \qquad [4-1]$$

ここで，y_i は，i 番目の対象の変換前の値であり，標準得点に対して，**素点**（raw score）と呼ばれます。

　標準得点（厳密には，z 得点）は，[4-1] 式が示す通り，個々の測定値（素点）が，その平均値に比べて，標準偏差の何倍大きい（または，小さい）かを示しています。つまり，たとえば，ある測定値の標準得点が 1.5 であるということは，その測定値は，標準偏差の1.5倍，平均値よりも大きな値である（すなわち，標準偏差の値に対応する長さの1.5倍分，分布の中心よりも右側に位置している）ことを意味しています。ですから，平均値が60で，標準偏差が10の場合で言えば，$60+10\times1.5=75$ で，75 という測定値の標準得点が 1.5 であることになります。

　以上のように，標準得点は，個々の測定値のデータ全体の中での相対的な位置を表わす値だと言えるものであり，平均値よりも大きな値である場合には正の値になり，平均値よりも小さな値である場合には負の値になります。そして，正負いずれの場合も，平均値から大きく離れていて分布の端の方に位置しているほど絶対値が大きくなります。

　また，[4-1] 式は，次の [4-2] 式のように表わすと，$\bar{y}$ と s_y は全データから算出される定数であって，i によって変化する値ではないので，$a=-\dfrac{\bar{y}}{s_y}$，$b=\dfrac{1}{s_y}$ の1次関数を表わす式であることがわかります。したがって，素点を標準得点に変換するという標準化は，線形変換であることになります。

$$z_i = -\frac{\bar{y}}{s_y} + \frac{1}{s_y} y_i \qquad [4-2]$$

ですから，直前の「線形変換による平均値と標準偏差の変化」の項で解説したことがあてはまり，それを適用すると，標準得点の平均値（$\bar{z}$）と標準偏差（s_z）は，先に記したように，0 および 1 になります。したがって，標準得点とは，もとの尺度上での平均値の位置を 0 とし，標準偏差に対応する間隔を 1 とした新しい尺度上での各対象の位置を表わす値であると言えます（図4-2）。また，標準化（厳密に言えば，z 得点への変換）は，平均値が 0 になる

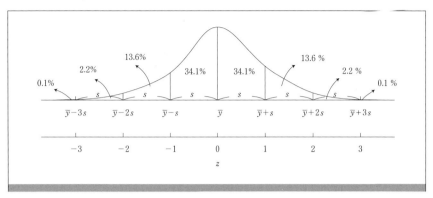

図4-2 正規分布に従う変数おける標準得点の値と分布全体の中での相対的位置の関係

ように行なわれるものなのですから，中心化の一種であることになります。

なお，素点を標準得点に変換する理由や標準得点の正規分布における意味については，後述の「標準化平均値差」の項の導入部でも少し説明しますが，『ごく初歩本』の130〜133ページに詳しく記しましたので，主にそちらを参照してください。本書では，再度，同様の説明をすることはせずに，このようなことについての理解の促進に資するであろう練習問題を章末に提示します。ただし，正規分布に従う変数における標準得点の値と分布全体の中での相対的位置の関係を，大ざっぱにではありますが，図4-2に示しました。ですから，これをしばらくの間じっと見て，「データの分布が正規分布にほぼ従っている場合には，標準得点の値が○○であるということは，その測定値が全体の中でどのへんに位置していることになるのか，そして，それは，上位または下位，何%くらいのところに位置している値であることになるのか」といったことについて，おおよそイメージできるようになってください。

それから，図4-2からわかるように，正規分布に従う変数においては，$z > 3$ もしくは $z < -3$ である値は，全体の0.1%ずつしか存在しません。したがって，分布が正規分布から極端に逸脱していなければ，データ数が非常に多い場合でない限り，すべての標準得点の値は，たいてい -3〜$+3$ の範囲に入ります。ですから，データ数が多くない場合に $z > 3$ もしくは $z < -3$ である値が存在するということは，そのデータの分布が正規分布から顕著に逸

脱しているであろうことと，そのような標準得点になった測定値が外れ値だと判断されるものであろうことを示唆しています。このようなことを踏まえておき，標準得点の絶対値が3を超えるような測定値に関しては，測定やデータ入力において単純なミスを犯していないか，犯していないとすれば，なぜこのような値になったのか，といったことについて慎重に考えてみる必要があると思います（当然のことながら，以上の記述における3ないし－3という標準得点の値は，あくまでおおよその目安です）。

線形変換による相関係数の変化

　身長に関するデータを収集した場合，その結果をm単位で表わすか，値が100倍になるcm単位で表わすかは，任意の事柄であるはずです。ですから，身長をm単位で表わした場合とcm単位で表わした場合とで，体重などとの相関係数の値は変わらない方が望ましいと考えられます。また，「あなたは，○○をどの程度重要なことだと思いますか」といった質問に対して，「非常に重要だと思う」，「わりと重要だと思う」，「少し重要だと思う」，「ほとんど重要だと思わない」，「まったく重要だと思わない」などという選択肢を提示して回答を求めた場合，各選択肢に5～1の数値を割り当てるか，4～0の数値を割り当てるか，1～5の数値を割り当てるかといったことも，任意であるはずです[3]。ですから，このような場合にも，どの数値化をするかによって他の変数との相関係数の値が変わらない方が望ましいはずです。そして，実際，2つの変数の相関係数（の絶対値）は，それぞれの変数にどのような線形変換を行なっても変わらないようになっています。ただし，一方の変数に1次の係数bが負である線形変換を行なった場合（つまり，どちらかの変数の値の方向を逆転させた場合）には，絶対値は変わりませんが，符号は逆転します。以下，以上に記したことの理由について，2種類の説明をします。

---

[3]　5～1の数値を割り当てた変数をy，4～0の数値を割り当てた変数をy'，1～5の数値を割り当てた変数をy''とすると，yとy'，および，yとy''の間には，それぞれ，$y'=y-1$，$y''=6-y$という線形関係があることになります。

●**ベクトルによる説明**　3章の81ページに記したように，すべての測定値に定数 a を足しても，各測定値の平均値からの偏差は変わらないので，その変数を表わすベクトルは，方向も長さも変わりません。また，すべての測定値を b 倍しても，ベクトルの長さは $|b|$ 倍になりますが，方向は変わらないか正反対になるだけです。そして，2つの変数の相関係数は，それらの変数に対応するベクトルの成す角の余弦に等しいのですから，各変数のベクトルの方向のみによって規定されます。ですから，2つの変数の相関係数（の絶対値）は，それぞれの変数にどのような線形変換を行なっても変わらないことになります（一方の変数に1次の係数 b が負である線形変換を行なった場合には，ベクトルの成す角は，変換前の角の大きさを θ とすると $180°-\theta$ になるので，符号は逆転します）。

●**数式による説明**　相関係数は，36ページの［2-2］式を変形することによって，次の［4-3］式のようにも表わすことができます[4]。

$$r = \frac{\frac{\sum_{i=1}^{n}(x_i-\bar{x})(y_i-\bar{y})}{n}}{s_x s_y}$$

$$= \frac{1}{n}\sum_{i=1}^{n}\left(\frac{x_i-\bar{x}}{s_x}\right)\left(\frac{y_i-\bar{y}}{s_y}\right)$$

$$= \frac{\sum_{i=1}^{n}z_{x_i}z_{y_i}}{n} \qquad [4-3]$$

したがって，相関係数は，各変数における標準得点の積を対象ごとに算出し，それを平均したものであることになります。そして，標準得点は個々の測定値のデータ全体の中での相対的な位置を表わす値であり，すべての測定値に一律に定数を掛けたり定数を足したりしても各測定値の全体の中での相対的位置は変わらないので，各測定値の標準得点（の絶対値）は，線形変換を行なっても変わりません[5]。ですから，2つの変数の相関係数（の絶対値）は，それぞれ

---

[4]　この式は，因子分析のモデルについて数理的に理解する際などに重要になります。
[5]　すべての測定値に定数 a を足しても，平均値も $\bar{y}+a$ になるので，［4-1］式の分子の値は変わりません（もちろん，分母の値も変わりません）。また，すべての測定値に定数 b を掛けると［4-1］式の分子の値は b 倍になりますが，分母である標準偏差の値も $|b|$ 倍になるので，標準得点の絶対値は変化しません。

の変数にどのような線形変換を行なっても変わらないことになります（一方の変数の値に負の値を掛ける線形変換を行なった場合には，その変数における各測定値の標準得点の符号が逆転するので，相関係数の符号も逆転します）。

それでは，［4-3］式による相関係数の算出について例示します。図4-3のような $n=18$ のデータがあったとします。ローデータの表の最右欄に記したように，$r=.49$ です（各自で確認してください）。まず，各変数の平均値と標準偏差はローデータの右側に記した通りなので，たとえば，対象1の x における標準得点は，$(1-5)\div 2$ で，-2 になります。このような計算をすべての測定値に関して行なった結果を下側にまとめてあります。次に，対象ごとに x における標準得点と y における標準得点の積（$z_x z_y$）を算出して，これを合計します。そして，この積の総和をデータ数で割って［4-3］式の値を求めると，やはり .49 になります。

なお，図4-3に示したように，いずれの変数についても，標準得点の総和は 0 になります。ですから，総和をデータ数で割った値である平均値も 0 になり

[ローデータ]

対象	1	2	3	4	5	6	7	8	9	10	11	12	13	14	15	16	17	18	M	s	r
x	1	2	3	3	4	4	4	5	5	5	5	6	6	6	7	7	8	9	5.0	2.0	.49
y	1	3	0	4	5	6	2	7	4	5	3	6	4	4	2	5	3	8	4.0	2.0	

⇓ 標準化

[標準得点]

対象	1	2	3	4	5	6	7	8	9	10
z_x	-2.0	-1.5	-1.0	-1.0	-0.5	-0.5	-0.5	0.0	0.0	0.0
z_y	-1.5	-0.5	-2.0	0.0	0.5	1.0	-1.0	1.5	0.0	0.5
$z_x z_y$	3.0	0.75	2.0	0.0	-0.25	-0.5	0.5	0.0	0.0	0.0

	11	12	13	14	15	16	17	18	Σz	Σz^2
	0.0	0.5	0.5	0.5	1.0	1.0	1.5	2.0	0	18
	-0.5	1.0	0.0	0.0	-1.0	0.5	-0.5	2.0	0	18
	0.0	0.5	0.0	0.0	-1.0	0.5	-0.75	4.0	8.75	($\Sigma z_x z_y$)

$$\frac{\sum_{i=1}^{n} z_x z_y}{n} = \frac{8.75}{18} = .49$$

図4-3 相関係数が各変数における標準得点の積の平均値であることについての例示

ます。また，このように $\bar{z} = 0$ なので，標準得点の 2 乗の総和である Σz^2 は $\Sigma (z - \bar{z})^2$ とも表記でき，標準得点の変動であることにもなります。そして，この 2 乗和がこの場合18であることが例示しているように，標準得点の変動はデータ数と一致します。ですから，変動をデータ数で割った値である分散，および，分散の正の平方根である標準偏差は，ともに 1 になります。つまり，先に記したように，標準得点は，平均値が 0 で，標準偏差が 1 になる，ということです。

それから，標準得点の平均値が 0 であるということは，[4-3] 式は，次の [4-4] 式のように表わすこともできます。ですから，相関係数は，各変数の標準得点の共分散であることにもなります。

$$r = \frac{\sum_{i=1}^{n}(z_{x_i} - \bar{z}_x)(z_{y_i} - \bar{z}_y)}{n} \quad [4-4]$$

線形変換による歪度，尖度の変化

標記のことについて説明する前に，まず，1 章では提示しなかった，歪度と尖度の式について説明します。

▶▶▶▶ 歪度の式とその意味

歪度は，次の [4-5] 式によって定義されています。

$$Sk = \frac{\sum_{i=1}^{n} z_i^3}{n} \quad [4-5]$$

すなわち，歪度は，各測定値の標準得点を 3 乗した値の平均値です。ただし，SAS や SPSS などの統計ソフトで出力される値は，分母が単純にデータ数ではない，やや複雑な式によって算出されています（詳しくは，それぞれの解説書などを参照してください）。そして，その結果，[4-5] 式によって算出される値よりも絶対値がやや大きくなります（データ数が多い場合には影響はほとんどありませんが，データ数が少ないほど，式の違いの影響が顕著になります）。なぜ，

このように2種類の式が存在するのかについては，『補足本Ⅱ』で説明します。

ここで，［4-5］式によって算出される値が，なぜ，分布の左右対称形からの歪みの方向と程度を表わす指標となるのかについて，簡単に説明します。が，その前に，「絶対値が0〜1の範囲の値は，2乗，3乗，4乗と掛け合わせることによって絶対値が小さくなること」，「それに対して，絶対値が1よりも大きい値は，掛け合わせることによって絶対値が大きくなり，その程度は，1から大きく離れている値ほど顕著であること」を思い起こしておいてください。

それでは，説明に入ります。まず，歪度が正である分布，つまり，顕著な場合で言えば，他のほとんどの測定値に比べて値が極端に大きい外れ値があるようなデータの場合で記します。このようなデータでは，平均値よりも小さい値に関しては，（そのような測定値の方が逆側の測定値よりも数は多いですが）標準得点の絶対値が全般に小さく，絶対値は3乗してもそれほど大きくはならないか，$-1 < z < 0$ の場合にはかえって小さくなります（符号は，負の値の奇数乗なので，負のままです）。これに対して，平均値よりも大きい値に関しては，（そのような測定値は数は少ないですが）標準得点の絶対値が1よりもかなり大きい値が存在することになります。そして，このような標準得点が正で絶対値が大きい値は3乗することによってより大きな正の値になります。ですから，これらの標準得点を3乗した値の総和および平均値は正の値になります。また，$z > 1$ である値の1から離れている程度が大きいほど3乗することの効果が顕著になり，そのような値が存在するデータでは，その数が少なくても，［4-5］式の値はより大きくなります。

では，以上のことについて，極端なデータを使って例示します。まず，21ページでも提示した $\{0, 0, 0, 0, 0, 0, 0, 0, 0, 10\}$ という $n = 10$ のデータについて考えてみましょう。ヒストグラムなどを作成するまでもなく，他の値に比べて値が極端に大きい外れ値が存在する，$Sk \gg 0$ であるデータです。まず，平均値と標準偏差を算出すると，$\bar{y} = 1$，$s_y = 3$ になります。ですから，0という測定値の標準得点は，$(0-1) \div 3$ で，$-\frac{1}{3}$ であり，その3乗は $-\frac{1}{27}$ で，9個合わせても $-\frac{1}{3}$ にしかなりません。これに対して，10という値の標準得点は，$(10-1) \div 3$ で，$+3$ であり，その3乗は $+27$ にもなります。したがって，これらの総和および平均値は絶対値が大きな正の値になります（SAS

で算出される歪度の値は 3.16 です）。

次に，$\{0, 10, 10, 10, 10, 10, 10, 10, 10, 10\}$ という $n = 10$ のデータについて考えてみましょう。今度は，他の値に比べて値が極端に小さい外れ値が存在する，$Sk \ll 0$ であるデータです。平均値と標準偏差を算出すると，$\bar{y} = 9$，$s_y = 3$ になります。ですから，10という測定値の標準得点は，$(10 - 9) \div 3$ で，$\frac{1}{3}$ であり，その3乗は $\frac{1}{27}$ で，9個合わせても $\frac{1}{3}$ にしかなりません。これに対して，0という値の標準得点は，$(0 - 9) \div 3$ で，-3 であり，その3乗は -27 にもなります。したがって，これらの総和および平均値は絶対値が大きな負の値になります（SASで算出される歪度の値は -3.16 です）。

なお，左右対称形の分布をしたデータでは，標準得点が＋である測定値と－である測定値が対称的に（すなわち，絶対値が等しいものが同数ずつ）存在しているのですから，それらを3乗した値に関しても同様になり，標準得点の3乗の総和および平均値は 0 になります（すなわち，$Sk = 0$ になります）。

■■■ちょっと余分な話 4 ⅢⅢⅢⅢⅢⅢⅢⅢⅢⅢⅢⅢⅢⅢⅢⅢⅢⅢⅢⅢⅢⅢⅢⅢⅢⅢⅢⅢⅢⅢⅢⅢ■

歪度の値についての判断

　分布が顕著に歪んでいる場合には，平均値を代表値の指標としたり，標準偏差を散布度の指標としたりするのは適切ではないことを，1章で説明しました。では，分布が顕著に歪んでいるか否かについて判断する際の境目となる歪度の絶対値は，いくらくらいに設定したらよいのでしょうか。

　1章で，ある測定値が外れ値であるかどうかを判断する際の基準に関して論じたときに記したように，このようなことについて論理的に明確な解答を提示することはできません。そもそも，元来，連続的に変化する量的な事柄に関して2分法的な判断をしようとすることに無理がある，と考えるべきでしょう。まずは，このような基本的なことを明確に認識しておくべきだと思います。

　が，それでもあえて基準を提示するよう求められたら，筆者は，あくまで個人的な見解であると断った上で，「歪度の絶対値が2以上であれば，分布が顕著に歪んでいると判断した

方がよいと思います」，「1.5〜2.0 の範囲の値の場合にも，平均値を代表値の指標としたりすることにはけっこう問題があると思います」，「1.5 未満だからといって問題がないというわけではありませんが，それほど気にしなくてもよいと思います」，「まあ，1.0 未満であれば，歪みについて気にする必要はほとんどないでしょう」などと言っています。もちろん，これらはあくまで便宜的なものであり，このような発言の根拠を論理的に示すことはできません。統計学者でもない者が大それたことを言っていることになるとも思っています。ただ，筆者は，歪んでいる程度が異なるであろう種々のデータを自分で作り，それぞれのデータの歪度の値を統計ソフトを使って算出してみることを多々やってみました。そして，このような試行や実際に収集されたデータの分析を通して，ヒストグラムや度数ポリゴンから視認される分布の歪みぐあいと歪度の値の対応関係などについて経験的に把握し，その上で，上記のような提示をするようになりました。暇なやつだと思われるかもしれませんが，自身で同様のことをやってみて，まずは，「ヒストグラムや度数ポリゴンの形状がこのくらい歪んでいたら，歪度の値はこの程度になるだろう」といったことを，ある程度正確に推定できるようになってもらえればと思います。

なお，ちなみに，【練習問題 1-5】で提示した 6 つのデータの歪度の値は，以下の通りです。

A：2.41，B：1.18，C：3.16，D：−1.52，E：0，F：0.32

▶▶▶▶ 尖度の式とその意味

尖度は，次の［4-6］式によって定義されています。

$$Ku = \frac{\sum_{i=1}^{n} z_i^4}{n} \qquad [4\text{-}6]$$

すなわち，尖度は，各測定値の標準得点を 4 乗した値の平均値です。ただし，歪度と同様に，SAS や SPSS などの統計ソフトで出力される値は，分母が単純にデータ数ではない，やや複雑な式によって算出されています（歪度と同様，詳しくは，それぞれの解説書などを参照してください）。それから，［4-6］式の値は分布が完全に正規分布に従っているときに 3 になることが知られているので，正規分布を標準的な分布であるとする考えのもとに，正規分布に従っているときに値が 0 になるように，$Ku-3$ の値が出力されます。したがっ

て，SASやSPSSなどの統計ソフトで出力される値が正であることは正規分布よりも中心が尖った分布であることを意味し，負であることは正規分布よりも尖っていない（平坦もしくは真ん中が凹んだ）分布であることを意味しています。

なお，図4-4は，尖度が異なる5種類のデータの，ヒストグラム，平均値と標準偏差，各測定値の標準得点とその4乗の値，尖度の値をまとめたものです（説明の便宜上，すべて，左右対称形の，歪度が0になるデータにしてあります）。左右対称形で，値の範囲がどれも同じであるため，最大値および最小値の平均値からの偏差の絶対値もすべて等しくなっていますが，(a)→(b)→(c)→(d)→(e)の順に，平均値と等しく，平均値からの偏差が0である値が多くなっているため，平均値からの偏差の標準的な値である標準偏差は小さくなっています。そして，そのために，(a)→(b)→(c)→(d)→(e)の順に，最大値と最小値（などの分布の端の方に位置している値）の標準得点の絶対値が1よりもかなり大きな値になるため，それを4乗した値はより顕著に大きな値になり，尖度の値が正で大きくなるようになっています。

さて，以上のように，歪度と尖度の値は，各測定値の標準得点の値のみによって規定されていると言える統計量です。そして，先に記したように，データにいかなる線形変換を行なっても各測定値の標準得点（の絶対値）は変わりません。ですから，歪度と尖度の値は，データにいかなる線形変換を行なっても不変です。すなわち，「データにいかなる線形変換を行なっても分布の形は変化しない」ということです。ただし，1次の係数が負の線形変換を行なうと，各測定値の標準得点の符号が逆になるので，歪度は，絶対値は変わりませんが，符号は逆転します。このことは，1次の係数が負の線形変換を行なうと，値の大小が逆転して，もとの分布とは左右が反転した対称的な形の分布になることを想像すれば，直観的に納得がいくのではないかと思います（尖度は，標準得点を偶数乗した値の平均値なので，絶対値も変わりません）。

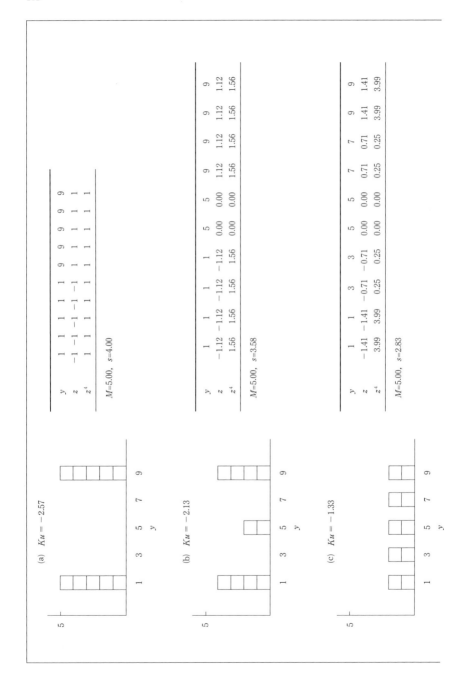

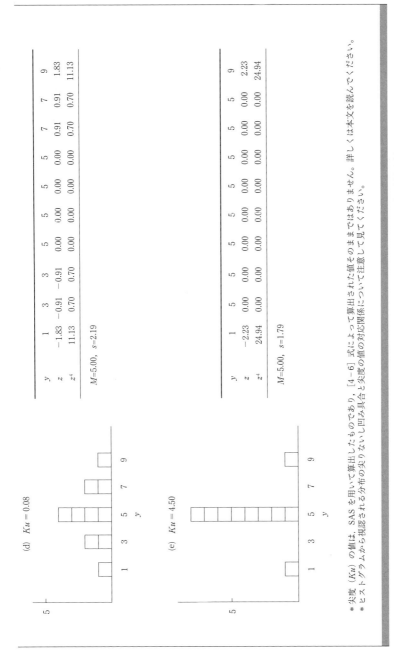

図4-4 種々のデータのヒストグラム，各測定値の標準得点とその4乗，尖度の対応関係

*尖度 (Ku) の値は，SAS を用いて算出したものであり，[4-6] 式によって算出された値そのままではありません。詳しくは本文を読んでください。
*ヒストグラムから視認される分布の尖り尖らない凹み具合と尖度の対応関係について注意して見てください。

標準化平均値差

　x と y の 2 つの変数に関するデータがあり，x の方が y よりも標準偏差が小さいとします。また，分布の形は同じだとします。そして，ある対象において，それぞれの変数における測定値の平均値からの偏差である $x_i-\bar{x}$ と $y_i-\bar{y}$ の値が等しいとします。これは，たとえば，A さんが，国語のテストにおいても数学のテストにおいても平均値よりも20点高い点を取った，というような場合です（図 4-5 参照）。

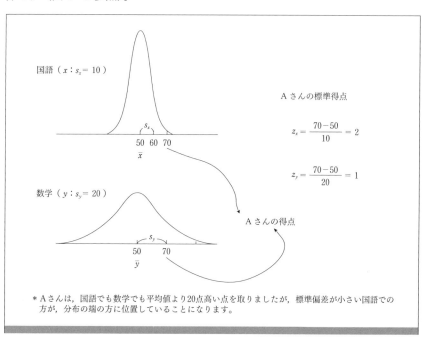

* Aさんは，国語でも数学でも平均値より20点高い点を取りましたが，標準偏差が小さい国語での方が，分布の端の方に位置していることになります。

図 4-5　平均値からの偏差の値が同じでも標準偏差の大きさによって分布全体の中での相対的位置が異なることについての例示

　このような場合に各変数における A さんの測定値の標準得点を算出すると，標準偏差が小さい x での方が絶対値が大きくなります。すなわち，平均値からの偏差の値が同じでも，標準偏差が小さい変数での方が，A さんの測定値は分

布の端の方に位置している（上記の場合，Aさんは，yよりもxにおいて，テストを受けた集団の中でより秀でた成績であった）ことになるわけです。偏差の値が同じでも，その分布の散布度の大きさによってその意味が異なる，ということです。

このように，各測定値の分布全体における相対的位置を的確に把握するためには，各測定値と平均値の差の方向と程度に注目するだけでなく，その平均値からの偏差が，それぞれのデータの標準偏差に比べてどの程度（何倍）大きいかまでを考慮する必要があります。そして，このことと同様に，なんらかの量的変数の値の全般的な大きさを2つの条件間で比較する場合にも，図4-6からわかるように，各条件の平均値間の差の方向と大きさに注目するだけでなく，その平均値差が，各条件の標準偏差に比べて何倍大きいかということを考慮する必要があります。

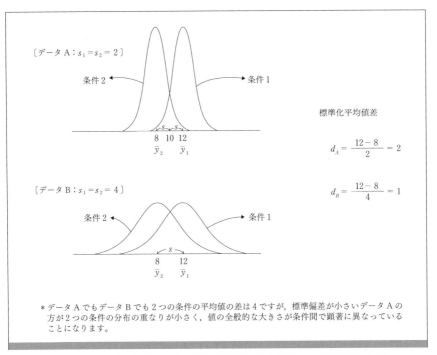

図4-6　平均値の差の値が同じでも各条件の標準偏差の大きさによって値の全般的な大きさについての条件間差が異なることについての例示

以上のことを踏まえて，なんらかの量的変数の値の全般的な大きさを2つの条件間で比較する場合には，次の［4-7］式によって算出される統計量を算出し，その値を踏まえて結果の解釈を行なうことが，近年，強く推奨されるようになってきました[6]。

$$d = \frac{\bar{y}_1 - \bar{y}_2}{\sqrt{\dfrac{n_1 s_1^2 + n_2 s_2^2}{n_1 + n_2}}} \qquad [4-7]$$

ただし，この統計量については，［4-7］式とは分母が少し異なる式が提案されていたり，名称についても複数のものが存在したりしています。また，2つの条件の測定値に関してなんらかの面で対応づけが可能な場合には，［4-7］式とは分母が基本的に異なる式も提案されています（測定値の対応づけに関しては，『ごく初歩本』の179〜180ページや『ちょっと本Ⅱ』の3ページなどを参照してください）。しかし，説明の便宜上，このようなことについては『補足本Ⅱ』で詳しく記述することにし，本書では，［4-7］式のみを提示して，その意味について説明します。また，名称については，［4-1］式によって算出される統計量を標準得点と呼ぶことに即して，南風原（2014）と同様に，**標準化平均値差**（standardized mean difference）と呼ぶことにします。

それから，『ごく初歩本』では，［4-7］式によって算出される値を**効果量**ないし**効果の大きさ**（effect size）と呼び，*ES* という記号で表わしました。これは，誤りではありませんが，適切ではありません。なぜならば，本来，効果量というのはもっと広い概念であり，［4-7］式によって算出される標準化平均値差は，種々ある効果量の中の1つにすぎないからです（ただし，標準化平均値差は，最も代表的な効果量であると言えるであろう統計的指標です）[7]。

---

6) ただし，場合によっては，$\bar{y}_1 - \bar{y}_2$ という平均値の差そのものにも，解釈上，有用な面があるとともに，d の値に基づく解釈にも，問題点や留意しなければならない点があります。これらのことについては，『補足本Ⅱ』の6章で詳しく解説します。

7) 効果量全般については，『補足本Ⅱ』の6章で説明します。

▶▶▶▶ 標準化平均値差の値の意味

　後述するように，［4-7］式の分母は，各条件のデータ数の違いを考慮して算出される，2つの条件の標準偏差の平均値です。ですから，標準化平均値差は，2つの条件の平均値が，それらの条件の平均的な標準偏差の何倍異なっているかを表わしていることになり，d の値が大きいほど，2つの条件の分布の重なりが小さく，値の大きさが条件間で顕著に異なっていることを意味しています（d の値と2つの条件の分布の重なりの程度の対応関係については，『ごく初歩本』の138ページを参照してください）。また，2つの条件の標準偏差が等しい場合には，d の値は，一方の条件の平均値の，他方の条件における標準得点であることになります。すなわち，d の値は，一方の条件の平均値が，他方の条件の分布全体の中で，後者の平均値から見て，正負いずれの方向で，どの程度（標準偏差の何倍）離れたところに位置しているのかを示しています（たとえば，$d = 2$ であることは，一方の条件においてその条件の平均値と同じ値であった測定値が，他方の条件の中では，その条件の平均値よりも標準偏差の2倍大きい，または，2倍小さい値であったことを意味しています）。

　さて，唐突ですが，次のAとBの2つのデータを見比べて，どちらの方が値が全般に大きいか，言い換えれば，平均値が大きいのはどちらかを，5秒以内で判断してください。

　　A ｛8, 5, 5, 6, 5, 2, 9, 3, 4, 5, 6, 6, 7, 1, 4, 4, 7, 3｝
　　B ｛2, 0, 5, 6, 8, 3, 4, 2, 3, 4, 5, 3, 4, 5, 1, 6, 4, 7｝

正解は，Aです。おそらく，ほとんどの人がすぐに正しく判断できたのではないかと思います。

　では，なぜ，このような問いを提示したのかについて説明します。平均値は，Aが5で，Bは4です。そして，標準偏差は，ともに2になるようにしてあります（分布の形は，いずれもほぼ正規分布に従っているようにつくってあります）。ですから，d の値は，（5−4）÷2 で，0.5です。つまり，$d = 0.5$

であるというのは，ローデータをざっと見ただけでどちらの条件の方が値が全般に大きいかが即座に正しく判断できるという意味では，けっこう差が顕著な状態だと言える，ということです。相関係数などとは異なり，標準化平均値差は，絶対値が1を超え得る，値の範囲が（本来は）$-\infty \sim +\infty$ である統計的指標です。しかし，そうであるにもかかわらず，1未満の値であると，なんとなく，あまり大きな差ではないと思ってしまう人がたまにいるようなので，あえてこんな例示をしました。それから，特に心理学的研究においては，非常に常識的なことを検討している場合や，データ数が少なくて偶然性が高い場合でない限り，$|d|>1$ になることはめずらしいと思います。ですから，文脈にもよりますが，$|d|>1$ である結果が得られたら，一般的には顕著な差が示されたと考えてよいと筆者は思っています（ただし，読者のみなさんを混乱させてしまうかもしれませんが，一方で，『補足本II』の213〜219ページに記してあることも踏まえておいてください）。

なお，両条件のすべての測定値に定数 a を足しても，両条件の分布が右または左に一緒に移動するだけで，分布の重なりの程度は変化しません。また，すべての測定値を b 倍しても，平均値の差が b 倍になる分，各条件の標準偏差も $|b|$ 倍になるので，平均値の差（の絶対値）と標準偏差の比は変わりません。ですから，データにいかなる線形変換を行なっても，d の絶対値は変わりません。

▶▶▶▶ 加重平均値と非加重平均値

またまた唐突かと思いますが，ある量的変数に関するデータの2つの条件における平均値を算出したところ，条件1では80で，条件2では50だったとします。2つの条件を合わせた全体の平均値を求めてください。

「何で，小学生相手のような問題を出すんだ」と思ったり，即座に65と（だけ）思ってしまった人はいないでしょうか。後述するように65が必ず不正解というわけではありませんが，問題文に記されている情報だけでは，一般に想定されている全体の平均値（すなわち，2つの条件のデータを最初から一括して直接算出した全体の平均値に該当する値）を求めることはできません。なぜな

らば，全体の平均値がどのような値になるかは，2つの条件のデータ数の大小関係によって左右されるにもかかわらず，各条件のデータ数が提示されていないからです。そして，条件によってデータ数が異なる場合には，全体の平均値は，各条件の平均値の単純な平均とは一致しません。

では，データ数が条件によって異なる場合の全体の平均値の算出方法ですが，このような場合には，一般に，そのデータ数の違いを考慮した，次の［4-8］式を用います（全体の平均値は，totalの平均値という意味で，$\bar{y}_t$と表記することにします）。

$$\bar{y}_t = \frac{n_1 \bar{y}_1 + n_2 \bar{y}_2}{n_1 + n_2} \qquad [4-8]$$

これは，「まず条件ごとに平均値をデータ数倍することによって各条件の測定値の総和（Σy）を求め（直し），これらを足して全体の総和を出してから，それを全体のデータ数で割ることによって，全体の平均値を算出する」というものです。このようにすることによって，全体の平均値は，単純に各条件の平均値を足して2で割った値よりも，データ数が多い方の条件の平均値に近い値になります。具体的に記すならば，たとえば，条件1のデータ数が20で，条件2のデータ数が10というように，データ数の比が2：1である場合には，全体の平均値は，条件1の平均値と条件2の平均値を1：2に内分するところの値になります。ですから，最初の問題に記した，条件1の平均値が80で，条件2の平均値が50である場合には，「$80-y：y-50 = 1：2$」となるyの値である70になります[8]。そして，以上のようにして算出される2つ以上の条件のなんらかの統計量の平均値は，各条件のデータ数に即した重みづけをして算出されるものであることから，**加重平均値**（weighted mean）と呼ばれています。

さて，標準化平均値差の算出式である［4-7］式の分母は，「まず条件ごとに標準偏差を2乗し，さらにそれをデータ数倍することによって各条件の測定値の変動（$\Sigma(y_i - \bar{y})^2$）を求め（直し），これらを足して全体の（条件内）変動を出してから，それを全体のデータ数で割り，さらにその平方根を求めるこ

---

[8] これは，濃度の異なる2つの食塩水を混ぜ合わせたときにできる食塩水の濃度を求める際などに適用される，逆比などと呼ばれる考え方です。

とによって，平均的な標準偏差を算出している」ものです。ですから，［4－7］式の分母の値は，2つの条件の標準偏差の加重平均値であることになります。ただし，平均値の平均に関しては，$n_1 = n_2$である場合，加重平均値は各条件の平均値を足して2で割った値と一致しますが，標準偏差に関しては一致するわけではありません[9]。また，［4－7］式の分母の値は，平均値の平均の場合とは異なり，2つの条件のデータを最初から一括して直接算出した全体の標準偏差に該当する値ではありません。あくまで，各条件の中でのデータの変動に基づいた平均的な標準偏差の値（すなわち，各条件の標準偏差の平均値）です。なお，2つの条件の標準偏差が等しければ，平均値の場合と同様，平均的な標準偏差は各条件の標準偏差と同じ値になります。

　それから，以上のような各条件のデータ数の違いを考慮した平均値に対して，「各条件の当該の統計量の値を足して，それを条件数で割る」という単純な方法で算出される平均値も提案されています。そして，このような平均値は，各条件のデータ数に即した重みづけをせずに，どの条件の統計量にも等しい重みを与えているという意味で，**非加重平均値**（unweighted mean）と呼ばれています。

　ただし，先に記したように，多くの統計的データの分析においては，非加重平均値ではなく，加重平均値が使われています。その理由の1つは，データで示された値に基づいて検討の対象になっている集団全体の値を推定しようとする際には，たくさんのデータ数に基づく値の方が信頼性が高く，そのような意味での信頼性の高さに即した重みづけをする方が妥当だと考えられるからです。また，データ数の条件間差に必然性があると考えられる場合には，その違いに即した重みづけをすることは，合理的だと考えられます。たとえば，支持政党別になんらかの量的変数の平均値が算出されていて，それに基づいて日本人の有権者全体における平均値を推定するような場合について考えてみます。このような場合，調査対象者の抽出が日本人の有権者全体の中から無作為に行なわれているとともに，データ数が少なくなければ，データにおける各政党の

9）これは，標準偏差が，各測定値の平均値からの偏差（の絶対値）の平均値そのものではなく，偏差の2乗の平均値の平方根であることによります。

支持者の数の違いは，日本人の有権者全体における各政党の支持者の数の違いを（ある程度的確に）反映していると考えられます。ですから，このような場合に非加重平均値を用いると，データ数が多い政党の平均値の重みが不当に小さくなるとともに，データ数が少ない政党の平均値の重みが不当に大きくなってしまうと考えられます。したがって，このような場合には，加重平均値を用いる（言い換えれば，支持政党がどこであるかにかかわらずにすべてのデータを最初から一括して直接算出した全体の平均値を日本人の有権者全体の当該の変数の平均値の推定値とする）べきだと考えられます。

　これに対して，条件によるデータ数の違いが「たまたま」であると考えられる場合には，そのような偶然性が高いものを考慮して分析することは適切ではないと考えられます。これは，たとえば，本来，男女の人数比はほぼ1：1であるにもかかわらず，「調査に協力してもらった学校が小規模校で，その学校においては，たまたま男女ごとの人数が大きく異なっていた」などというような場合です（小規模校でデータを収集すると，このようなことはよく起こります）。このような場合に，男女ごとに算出された平均値の加重平均値を算出し，それに基づいて当該の年齢の（男女を合わせた）子どもたち全般の平均値を推定すると，人数が多かった方の値が全体の値を不当に強く規定してしまうことになると考えられます。ですから，このような場合には，データ数の違いを反映させない統計量である，非加重平均値を用いる方が適切ではないかと考えられます[10],[11]。

　以上，曖昧なまとめになってしまいますが，この項で伝えたかったことの要点は，「2つ以上の条件のなんらかの統計量の平均値を算出する場合には一般的には加重平均値が用いられているが，それが常に妥当であるわけではない」ということです。

　なお，データ数の条件間差が，必然的なものであるか，たまたまであるかといったことは，必ずしも容易には判断できないと思いますし，実際には，必然と偶然の両方が関与しての結果であることが多いと思います。本項で論じたこ

---

[10] そもそも小規模校だけでデータを収集して日本人の子ども全体におけるなんらかの値を推定しようとすることには大きな問題があるでしょうが，このことについては，ここでは不問にさせてもらいます。

[11] 『補足本Ⅱ』の19〜22ページなどにおいて，関連することを取り上げます。

とも，実際のデータ分析においては曖昧な面を多分に有することについてなんらかの判断をしなければならないことが多々ある，ということの一例だと思ってください。

非線形変換

　非線形変換（nonlinear transformation）というのは，字義通り，線形変換以外の変換の総称です。種々のものがありますが，いずれにおいても，図4－1に示した線形変換の場合とは異なり，変換前の尺度においては一定の差であったものが，変換後の尺度においては，尺度上の位置によって，通常，差の値が異なることになります。すなわち，$y_2-y_1=y_4-y_3$ だからといって，通常，$y'_2-y'_1=y'_4-y'_3$ にはならない，ということです。そして，代表的な非線形変換である，ルート変換（平方根変換または開平変換），対数変換，逆数変換では，大きな値ほど変換することによって急激に小さな値になるために，値が大きい側ほど，もとの尺度における一定の差が新しい尺度においては小さな差に変わります。ですから，これらの変換を行なうと，左に偏った，右のすそ野が長い，歪度が正である分布が，より右側である方ほど間隔が顕著に縮まるために，左右対称形の分布になることがあります[12]。

▶▶▶▶ 逆数変換

　『ごく初歩本』では，上記の3つの非線形変換の中で，$y'=\dfrac{c}{y}$（c は定数で，一般には $c=1$）という式による変換である**逆数変換**だけ例示することを省略したので，ここで簡単に取り上げておきます。
　当然のことながら，逆数変換を行なうと，ルート変換および対数変換の場合とは異なり，最も大きかった値は最も小さな値になり，最も小さかった値は最も大きな値になるというように，測定値間の大小関係が逆転します。そのた

---

12)　具体的には，『ごく初歩本』の142〜144ページを参照してください。

め，歪度が正である分布を左右対称形にすることができるという意味でルート変換および対数変換と同様の働きをする変換であることが推察できにくいようです。しかし，表4-1に例示したように，逆数変換の場合にも，値が大きい側ほど，もとの尺度における一定の差が新しい尺度においては小さな差に変わります。そして，たとえば，{ 10, 12, 15, 20, 30, 60 } という歪度が正であるデータに，$y' = \frac{1}{y}$，もしくは，それをさらに60倍するという $y' = \frac{60}{y}$ という逆数変換を行なうと，分布が左右対称形になって，$Sk = 0$ になります（記すまでもないでしょうが，後者の変換を行なったデータの値は，{ 6, 5, 4, 3, 2, 1 } です）。

表4-1 $y' = \frac{1}{y}$ という逆数変換における変換前の尺度上での差の値と変換後の尺度上での差の値の関係

y	0.8	0.9	1.0	1.1	1.2	…	2.0	3.0	4.0
y'	1.25	1.11	1.00	0.91	0.83	…	0.50	0.33	0.25
y'における差		0.14	0.11	0.09	0.08	…		0.17	0.08

yにおける一定の差の値（この場合，0.1ないし1.0という差）が，値が大きい側ほど，y'においては小さな差になります。

▶▶▶▶ 分布を正規分布に近づける変換を行なうことの是非

『ごく初歩本』の6章以降で解説した統計的検定や『補足本Ⅱ』以降で解説する統計的検定および統計的推定の多くにおいては，分析している変数の分布が正規分布に従っていることを前提に論理が展開されています[13]。そのため，収集されたデータの分布が正規分布から顕著に逸脱していて，この前提条件が満たされていないと考えられる場合には，分布を正規分布に近づけることを目的とした変換が行なわれることがあります。その際に行なわれる非線形変換の代表的なものが，上記のルート変換，対数変換，逆数変換です。しかし，筆者は，殊になんらかの心理量に関する変数に関して分析する場合には，必ずこのようにすべきかについて，少しあらたまって考えてみる必要があると思ってい

---

13) この前提は，本来，収集されたデータである標本におけるものではなく，データが示しているものと同様の傾向の存在を主張したい（すなわち，結果を一般化したい）と考えている対象全体である母集団に関するものです。

ます。そこで、歪度の値についての判断の場合と同様に、統計学者でもない者が大それたことを直観的に主張していることになるかもしれませんが、このようなことについての私見を以下に記します。

さて、ある心理量について測定(ないし推定)するためになんらかのデータを収集した際に、上記のような変換を行なったとします。このような行為は、それが明確に意識されているかどうかはともかくとして、「心理量は元来、正規分布に従っている変数であり、測定値が本来の測定対象である心理量を的確に反映したものになっていて、心理量と測定値の間に線形関係が成立していれば、測定値も正規分布に従うはずだ」という仮定のもとになされているのだと思います。すなわち、「手にした測定値の分布が正規分布に従っていないのは、それがそれを通して測定しようとしている心理量を的確に反映したものになっていないからであり、正規分布に従っている値に変えることができれば、その値は心理量を的確に反映したものになるだろう」という考えのもとに上記のような変換が行なわれている、ということです(図4-7参照)。

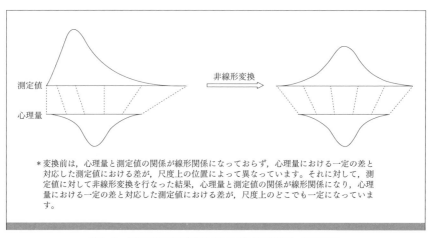

＊変換前は、心理量と測定値の関係が線形関係になっておらず、心理量における一定の差と対応した測定値における差が、尺度上の位置によって異なっています。それに対して、測定値に対して非線形変換を行なった結果、心理量と測定値の関係が線形関係になり、心理量における一定の差と対応した測定値における差が、尺度上のどこでも一定になっています。

図4-7　心理量に関する変数について分析する際にデータの分布を
正規分布に近づける変換を行なうことの意味

確かに、このような考えは、あながち不当であるとは言えないと思われます。たとえば、「人間の知能は、平均的な者が最も多く、それを中心に、平均値よりも高い者と低い者の人数が対称的にだんだん少なくなっている」と考え

ることは，直観的にはそれほど的外れではないように思います。また，4ペー
ジに記した，読書が好きな程度という心理量を測定するために1年間に自発的
に読んだ本の冊数に関するデータを収集するケースのように，歪度が正である
測定値については，測定値における同じ差の値が，値が大きい側ほど心理的に
小さな意味しかもっていないと考えられることが多いと思います。ですから，
このような場合に，歪度が正である分布を歪度≒0の分布にするための変換を
行なうことは，心理量と測定値の関係を線形関係に近づけることになる可能性
が高いと思います。

　しかし，どのような心理量も正規分布に従って分布していると一概にみなし
てよいのでしょうか。筆者は，そうではないように思っています。あくまで直
観的に思っているだけのことですが，たとえば，怒りの強さとかある事柄に向
けられた注意の程度などといった心理量は，通常は強度がかなり低い状態にあ
ると考えられるので，元来，歪度が正の分布になっているのではないかと思っ
ています。また，そもそも，正規分布というものは，2項分布と呼ばれる分布
から数学的に導出されたものであるとともに，測定誤差に関する分布として想
定されてきたものです。ですから，心理量が正規分布に従っていると考える必
然性はないはずです。そして，分析の対象になっている心理量がそもそも正規
分布に従っていないと考えられるのであれば，測定値の分布が正規分布に従っ
ておらず，そのままでは統計的検定や統計的推定を適用することが正当化でき
ないからといって，分布を正規分布に近づけるための変換を行なうことは本末
転倒であるように思います。

　当然のことながら，統計的分析法は，心理量について検討する研究のことを
特に意識して考え出されたものではありません。ですから，種々の統計的分析
を導出する際に仮定されている事柄である統計学上のモデルと心理量および心
理過程に関するモデルの間の乖離は，多分に起こり得ることだと思います。に
もかかわらず，統計学者の人たちが考案した分析法を心理量について検討して
いる研究において論理的矛盾が（発現し）ないようにして適用するためには，
心理学的研究を行なっている人たちが統計学上のモデルを常に受け入れなけれ
ばなりません。つまり，あえていけずな表現をするならば，心理学的研究をし
ている人たちは，統計学者に対して，「統計学者さん，（本当はどうかわからな

いんですが）心理量は正規分布に従っているとみなしますし，得られたデータの分布が正規分布に従っていなければ従うように変換をしますから，検討している変数の分布が正規分布であることを前提にあなた方が考案した分析をどうか使わせてください」などと迎合的にすり寄っているとも言えるのです。心理統計・心理測定の専門家である南風原朝和氏が，個人的な会話の中で，「統計学が変数の分布が一様分布であることを前提に理論展開をして分析法を考案していたら，心理学者は，心理量は一様分布に従っている，と考えたんだろうか」という内容のことをおっしゃったことがありますが，そんなものかもしれないと思うとともに，そもそも多くの人はこういったことについて無頓着なのではないかと思います。

ただし，心理量が正規分布に従っていると考える根拠ないし論拠を示すことができないのと同様に，そうではないと考える根拠ないし論拠を明示することはできません。ですから，いいかげんな主張だと思われてしまうかもしれませんが，実際のところは，以上のようなことについてあらたまって考えた上で，自身が検討の対象としている心理量の分布が正規分布から顕著に逸脱しているとは思えないのであれば，統計学上の前提を満たすようにするための変換を行なってもかまわないのではないかと思います。また，検討している変数の検討対象全体における分布が正規分布に従っていなくても，データ数が多くなるほど得られたデータの平均値などの分布は正規分布に近似するようになることが知られています[14]。さらに，正規分布からの逸脱が多少は顕著であっても，条件によって分布の形があまり異なっていなければ，統計的検定の結果はそれほど影響を受けないこともわかっています。ですから，実際には，分布の歪みや尖りの問題にあまりナイーブになる必要はなく，正規分布からの逸脱が顕著でなければ，変換をせずに分析してもかまわないのではないかとも思っています。

最後に「なあんだ」と思われそうなことを記してしまいましたが，「なんらかの心理量を想定した研究を行なうのならば，たまにはこういったことについてあらたまって考えてみる必要があるのではないか」ということが本項における筆者の主張の要点です。

---

14) これを中心極限定理と言いますが，これについては，『補足本Ⅱ』の44～45ページで具体的に説明します。

4章 練習問題

▶【練習問題 4-1】 平均値が40点，標準偏差が15点のテストにおいて，Aさんは，標準得点が 0.8 でした。Aさんの素点と偏差値を求めてください。

◐【練習問題 4-2】 偏差値が35だということは，どのようなことを意味しているでしょうか。素点，平均値，標準偏差という言葉を用いて，簡潔に記述してください。

【練習問題 4-3】 標準得点が −5 になる値が存在するのはどのようなデータであるかについて，簡潔に記述してください（ただし，標準得点が 1.5 を超える値はないものとします）。

【練習問題 4-4】 信長君の高校では，1学期の数学の期末テストで100人の2年生の中で下位10人に入ると，夏休みに長時間の補習を受けなければならないことになっています。このような決まりのもと，信長君は，100点満点のテストで42点を取りました。そして，次のように考えました。『42点だったけど，平均点は52点だから，そんなに悪い方じゃあない。だから，補習は受けなくていいはずだ。よかった』
このような信長君の考えに対して，適切であろう統計用語を用いて，『そうとは限らないよ。こうかもしれないよ』という忠告をしてあげてください。ただし，採

点や平均点の算出に誤りはないものとします。

▶【練習問題4-5】 100人の生徒に国語と数学のテストを実施しました。平均点は，両教科とも60点でした。このテストを受けた頼朝君と義経君は，2人とも，どちらの教科においても平均点以上の点を取りました。そして，素点の合計は頼朝君の方が高かったのに，偏差値の合計は義経君の方が高くなっていました。これは，どのような場合でしょうか。例示してください。

▶【練習問題4-6】 まる子ちゃんは，国語と算数と社会のテストで，いずれも50点でした。また，いずれのテストも，平均点は65点でした。そして，受験者全体の中でのまる子ちゃんの得点の順位は，「国語＞算数＞社会」でした（社会における順位が最も下の方だったということです）。このようなとき，3つの教科の得点の分布の間には，どのような違いがあると考えられるでしょうか（いずれの教科の得点分布も正規分布に従っているものとします）。

◯【練習問題4-7】 K大学では，英語と数学の2科目のみで入試を行なうことにしました。そして，これらの2科目の得点の合否判定におけるウエイトを等しくするために，いずれも100点満点のテストにすることにしました。

① 上記の2つ目の文に記されている考えに対して論理的に批判してください。
② 2つの科目のウエイトを等しくするためには，どうしたらよいでしょうか。

▶【練習問題4-8】 変数yについての$n=80$のデータがあります。平均値は18.2で，最大値が22.5です。また，歪度は−1.36で，単峰形です。

① 分布のおおよその位置および形を推論し，以下に図示してください。

② 中央値は，どのような値になる可能性が高いでしょうか。次の中から妥当だと考えられるものを選択してください。

　　　　a. 平均値より小さい　　　b. 平均値と等しい　　　c. 平均値より大きい

③　標準偏差は，どのような値になる可能性が高いでしょうか。次の中から妥当だと考えられるものを選択してください。

　　　　a. 1 より小さい　　b. 1.5 くらい　　c. 2 くらい　　d. 2 より大きい

④　中央値より値が大きいデータの数は，何個でしょうか（80個の値はすべて異なっているとします）。

＊この問題は1章で出そうか迷ったものですが，1章では歪度の値の意味について詳しく説明していなかったため，ここで出すことにしました。

▶【練習問題 4-9】　変数 x と y について，$\bar{x}=5.0$, $s_x=1.2$, $Sk_x=-0.50$, $\bar{y}=4.2$, $s_y=1.4$, $Ku_y=0.12$, $r_{xy}=.24$, $x'=-1+2x$, $y'=1-0.5y$ であるとき，次の①〜⑥の値は，いくらになるでしょうか。

①　$\bar{x}'$　　②　$s_{y'}$　　③　$r_{x'y}$　　④　$r_{x'y'}$　　⑤　$Sk_{x'}$　　⑥　$Ku_{y'}$

【練習問題 4-10】　以下のような2つのデータがあり，データBでは，y の標準偏差が 2.1，尖度が 1.5 で，x と y の相関係数が $-.95$ です。このようなとき，次の①〜④の値は，いくらになるでしょうか（「データの値を式にあてはめて計算する」といったことをせずに，この章で説明したことを適用して推論してください）。

①　データAにおける y の標準偏差
②　データBにおける x の歪度
③　データAにおける y の尖度
④　データAにおける x と y の相関係数

〔データA〕					〔データB〕			
x	0	2	4	6	x	0	2	4	6
y	0	1	1	2	y	0	-3	-3	-6

▶【練習問題 4-11】　憲法改正に対する賛否と○○党に対する支持を問う調査を行ないました。回答の際の選択肢は以下の通りであり，データ入力に際しては各選択肢の右横の（　）内に記したように数値化しました。そして，このような2つの変数について種々の統計量を算出したところ，賛否に関するデータの平均値と標準偏

差は，それぞれ，3.54，0.72 でした。また，2つの変数の相関係数は .47 でした。

さて，以上のような結果でしたが，調査の報告書を書く際，強く賛成しているほど，また，強く支持しているほど，値を大きくした方が理解がなされやすいのではないかと考え，賛否に関しては，賛成である場合は＋で，反対である場合は－として，1～5 を ＋2～－2 に変えました。また，支持に関しては，1～4 を 3～0 に変えました。このようにすることによって，上記の統計量の値は，それぞれ，いくらになるでしょうか。

賛否　賛成（1）　　　　　　　支持　強く支持している（1）
　　　やや賛成（2）　　　　　　　　　わりと支持している（2）
　　　どちらとも言えない（3）　　　　あまり支持していない（3）
　　　やや反対（4）　　　　　　　　　まったく支持していない（4）
　　　反対（5）

【練習問題 4-12】 以下のデータの x と y の相関係数は .5 です。これを参考にして，平均値と標準偏差と相関係数が次のようになる2つの変数（u と v）についての $n = 7$ のデータを作成してください。

$\bar{u} = 5$，$\bar{v} = 10$，$s_u : s_v = 1 : 2$，$r_{uv} = -.5$

x　　1　2　3　4　5　6　7
y　　5　1　2　3　7　4　6

▶【練習問題 4-13】 外れ値を含めると $r ≒ -.8$ となり，除外すると $r ≒ .8$ となる，$n = 5$ のデータを作成してください。ただし，外れ値を含めた歪度は，x が負で，y が正であり，$Sk_x = -Sk_y$ だとします。

◯【練習問題 4-14】 変数 y に関して，データAは，平均値が10で，標準偏差が2の正規分布にほぼ従って分布しています。また，データBは，標準偏差がデータAと等しく，値の全般的大きさに関しては，データAよりも大きくて，データAとの間に標準化平均値差が2.5の差があります（分布は，データAと同様に，正規分布

にほぼ従っています）。データAとデータBの分布を，以下に一緒に図示してください。

○【練習問題4-15】 次のような条件を満たすデータの例を考えてください（試行錯誤によるのではなく，論理に基づいて解答してください）。

$n=8$，歪度＜0，標準偏差が2である以下のデータとの間に標準化平均値差が2の差がある（作成するデータの方が値が全般に大きい）。

1, 2, 2, 2, 3, 3, 3, 8

▶【練習問題4-16】 心理統計法のテストを実施したところ，100点満点で平均値が35点と低い値だったので（標準偏差は10点），仏の授業者Yは，このまま「60点未満の人は不可」とするのでは不可が非常に多くなって不憫だと思い，「全員の点に2倍して10を足す」という変換を行ない，変換後の値に基づいて最終的な成績づけ（可か不可かの判定）を行なうことにしました。

なお，変換前の得点に関して男女ごとに集計したところ，平均値は男子が29点で女子が41点，標準偏差はいずれも8点でした。

① 男女を合わせた全体の得点分布がほぼ正規分布に従っていたとすると，「変換後の得点が60点未満の人は不可」という基準で不可になる人は，何％くらいいると推定されるでしょうか。別表1を参照して求めてください。
② 変換前の得点が30点だった人の標準得点と偏差値は，いくらでしょうか。
③ 変換前の標準得点が1.5だった人の変換後の標準得点は，いくらでしょうか。
④ このテスト受けた男子の人数は60人でした。女子は何人受験したでしょうか。
⑤ 変換前および変換後の得点の性差の大きさに関する標準化平均値差の値は，それぞれ，いくらでしょうか。

▶【練習問題 4-17】 以下の（A）〜（F）の6つのデータに関して，「一般に，条件2の方が条件1よりも値が大きい」ということを強く主張できるであろう程度の大小関係について推論し，下の（ ）内にはA〜Fの記号を，【 】内には">"か"="の記号を記入してください。また，A〜Fの中で標準化平均値差の値が最大になるのは，どれでしょうか。そして，その値はどうなるでしょうか。

(A) 条件1　1 2 2 3　　　　　条件2　3 5 4 4
(B) 条件1　0 2 4 2　　　　　条件2　2 4 4 6
(C) 条件1　2 3 3 4　　　　　条件2　1 3 3 5
(D) 条件1　1 3 3 5　　　　　条件2　5 9 7 7
(E) 条件1　1 2 2 3 1 2 2 3　条件2　3 4 5 4 4 4 5 3
(F) 条件1　2 2 2 2　　　　　条件2　3 3 3 3

主張できる程度が強い　←　　　　　　　→　主張できる程度が弱い
（　）【　】（　）【　】（　）【　】（　）【　】（　）【　】（　）

【練習問題 4-18】 次の（A），（B）の2つのデータに関して，標準化平均値差の大小関係について推論してください。

(A) 条件1　1 2 2 3　　　　　条件2　2 4 4 6 2 4 4 6
(B) 条件1　1 2 2 3 1 2 2 3　条件2　2 4 4 6

【練習問題 4-19】 $\{5, 10, 2, 5, 10, 17\}$ というデータがあります。

① 歪度は，正，負の，いずれでしょうか。
② 歪度を0にするためには，どのような変換を行なったらよいでしょうか。

㉔【練習問題 4-20】 $y' = \log_2 y$ という変換を行なうと，種々の統計量の値が次のようになる変数 y についての $n = 6$ のデータを考えてください。

$\bar{y}' = 3$, $1 < s_{y'} < 2$, $Sk_{y'} = 0$, （SAS や SPSS で算出される）$Ku_{y'} > 0$

▶【練習問題 4-21】 次の表は，変数 y についての (a)〜(d) の 4 つのデータに関して，そのままのデータ，ルート変換を行なったデータ，対数変換を行なったデータの歪度の値をまとめようとしたものです。

		y	$\sqrt{y}$	$\log_2 y$
(a)	1, 4, 4, 9, 9, 9, 16, 16, 25	(ア)	(イ)	(ウ)
(b)	2, 4, 4, 8, 8, 8, 16, 16, 32	(エ)	(オ)	(カ)
(c)	1, 2, 2, 3, 3, 3, 4, 4, 5	(キ)	(ク)	(ケ)
(d)	1, 17, 17, 25, 25, 25, 29, 29, 31	(コ)	(サ)	(シ)

① ア〜シ（の歪度の値）は，それぞれ，正，負，0 のいずれになるでしょうか。
② アとエは，どちらの方が大きいでしょうか。
③ エとオは，どちらの方が大きいでしょうか。
④ クとケは，どちらの方が大きいでしょうか。
⑤ エとコは，どのような関係になるでしょうか。
⑥ (d) のデータの歪度を 0 にするためには，どのような変換を行なえばよいでしょうか。

練習問題の解答と解説

●1章

【練習問題1-1】

＊縦軸の0～160の間を≠として縮めてあること，立体感をもたせた絵グラフを用いていること，最近のものほど色を濃くしてあること，がポイントです。カラーにしてもよいのであれば，最近のものほど膨張色にしたりするのも題意に沿う工夫（？）であることになると思います。ただし，もちろん読者のみなさんにこのようなことをしてほしいのではなく，このようなことをしているものに惑わされないようになってほしいがためにこんな問題を出してみました。

【練習問題1-2】　1

どの値も平均値である2からの偏差（の絶対値）が1なので，「平均値からの偏差の標準的な値」である標準偏差は，そのまま1になります。

【練習問題1-3】　C＞A＞B

・いずれも平均値は3です。

・Bは，Aに，平均値からの偏差が0である値（3）を1つ加えたものです。ですから，平均値からの偏差の標準的な値（大ざっぱに言えば，平均値から離れている程度の1個あたりの値）である標準偏差は，Bの方がAよりも小さくなります。

・$\{1, 1, 5, 5\}$ も $\{1, 5\}$ も，すべての値の平均値からの偏差（の絶対値）が2なので，標準偏差は2になります。そして，Aは，$\{1, 5\}$ に，平均値からの偏差が0である値（3）を1つ加えたものです。ですから，Aの方がCよりも，平均値から離れている程度の1個あたりの値は小さくなります。

【練習問題1-4】

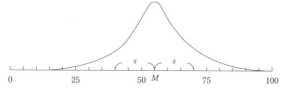

- まず，分布の中心が平均値である 55 のところになるようにします。
- 図 1-4 に示したように，正規分布を描いた図においては，標準偏差の値は，「横軸の右半分または左半分の中点よりもやや内側の点と分布の中心の間の長さ」に対応しています。ですから，分布の右端は「平均値＋ 2 ×標準偏差」よりも少し大きい（90〜95 くらいの）ところになるようにします。同様に，分布の左端は「平均値－ 2 ×標準偏差」よりも少し小さい（15〜20 くらいの）ところになるようにします。
- 後は，正規分布らしい曲線がなるべく正確に描けるように練習してください。

* 分布が正規分布に従っていることがわかっているということは，分布の形が特定されているということです。ですから，この場合，後は分布の位置を表わす統計量である平均値と標準偏差の値がわかれば，分布の全容が把握できることになります。

* 分布が正規分布に（ほぼ）従っているという条件の下で平均値と標準偏差の値が提示されたときに上記のような図を即座に描けることは，今後，種々のことを理解する上で必要になります。したがって，この問題は，基礎・基本的な重要なものだと思います。また，このような図を描くことができれば，ある値の分布全体における位置（その値が上位または下位何％くらいの大きさの値であるか）が図からおおよそ推定できるので，このような意味でも重要だと思います。

* 「何でこんなあたりまえの問題を出して，わざわざ説明するのか」と思う人がいるかもしれません。しかし，標準偏差を「分布の散らばりの大きさの指標」というようにしか理解していないと，この問題に答えることはできないはずです。そして，統計の授業を受けたにもかかわらず，このような問題に正解できない学生さんに筆者はたくさん出会ってきました。

【練習問題 1-5】　C＞A＞B＞F＞E＞D

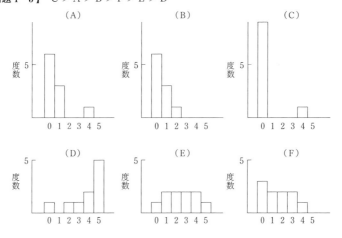

- 基本的には，上記のようなヒストグラムを描いて考えればよい問題です。
- Dだけが，右に偏った，左のすそ野が長い分布をしているので，歪度は負になります。ですから，Dが（歪度が）最も小さいことになります。
- Eの分布は左右対称形なので，歪度は0になります。そして，DとE以外の4つは，いずれも，左に偏った，右のすそ野が長い分布をしているので，歪度は正になります。ですから，Eが2番目に小さいことになります。
- AとCに関して，いずれにおいても1個ずつある4という最大値以外の9個の値を比べると，Cの方が小さい側への偏りが極端になっています（Cは4以外の値がすべて0ですが，Aは0よりも4に近い1という値が3個あります）。ですから，C＞Aになります。
- BよりもAの方が，最大値と他の値との差が大きく，右のすそ野が長くなっています。ですから，A＞Bになります。
- 図から直観的に考えて，Fは，A，B，Cに比べて，小さい側への偏りが顕著ではなく，左右対称形に近い分布を示しています。ですから，Fは，歪度が正のものの中では最小になります。

＊論理のみに基づく推論ではなく，「的確な直観」とでも言うようなものも必要になる問題です。そして，筆者は，研究を遂行する際にはこのような直観を働かせることも大切だと思っています。ですから，今後も同様の問題を出させてもらいます。

【練習問題 1-6】

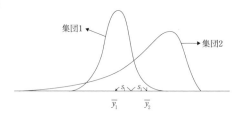

- ②の条件の式中の分母が集団1の標準偏差なので，まず，集団1の分布を，それが正規分布であるような形にして，任意の位置に描きます。
- 集団1の平均値から集団2の平均値を引いた値の符号が負なので，集団2の平均値の方が大きい（すなわち，右側に位置している）ことになります。そして，平均値の差を集団1の標準偏差で割った値の絶対値が2なので，集団2の平均値は，集団1の平均値である集団1の分布の中心よりも，集団1の標準偏差の2つ分，右側にあることになります（当然のことながら，$\frac{b}{a} = 2$ であることは，b が a の2倍であることを意味しています；問題に提示した式の意味がわからないという人がままいるので，あえて記しました）。
- 集団2の分布は，歪度が負で単峰形なので，右に偏った，左のすそ野が長い分布であることになります。また，歪度が負なので，集団2の平均値は，集団2の分布を描いた図の面積を2等分する点（すなわち，それよりも大きい測定値と小さい測定値が半数ずつある値である中央値）よりも小さい側（左側）に位置していることになります。ただし，右側に

偏った分布なので，集団2の分布の右端と左端の中点よりは大きい側（右側）に位置していることになります。そして，集団2の分布の中のこのようなところを集団2の平均値の位置であるとして，そこが，集団1の平均値の位置よりも，集団1の標準偏差の2つ分右側のところになるように集団2の分布を描きます。
- 集団2の分布を描く際には，上記のように，右に偏った，左のすそ野が長い分布であるようにするとともに，①の条件を踏まえて，集団1の分布よりも横に広がった（最大値と最小値の差である範囲が大きい）分布であるようにします。

【練習問題1-7】 2, 4, 5, 6, 8
- データ数が奇数で歪度が0なので，1個は平均値である5と同じ値にして，残りの4個は，平均値からの偏差が＋側と－側で偏差の絶対値が等しい2個の測定値を2対，作ることにします。
- 標準偏差が2なので，それを2乗した分散が4で，それをさらにデータ数倍した変動が20であることになります。ですから，平均値と同じ値である5以外の4個の測定値の5からの偏差の2乗和が20になるようにします。そして，上記のように平均値よりも大きい側と小さい側で対称的になるようにすればよいので，5よりも大きい側の2個の値，ないし，5よりも小さい側の2個の値の5との差の2乗和が10になるようにします。ということは，測定値はすべて整数だという条件の下で直観的に考えて，$1^2 + 3^2 = 10$ で，5以外の値は，5よりも3小さい値，1小さい値，1大きい値，3大きい値，にすればよいことになります。

【練習問題1-8】 3, 3, 5, 5, 5, 9   3, 4, 4, 4, 6, 9   2, 4, 4, 5, 7, 8
- データ数が6で平均値が5なので，総和が30になるようにします（各値の5から偏差の絶対値の和が，5よりも値が大きい側と小さい側で等しくなるようにする，と考えてもいいと思います）。
- 標準偏差が2なので，分散が4で，変動が24であることになります。すなわち，5からの偏差の2乗和が24になるようにします。
- 歪度が正なので，平均値である5よりも値が小さい測定値の方が大きい測定値よりも多くあるようにします。ただし，最初に記したことを踏まえて，平均値よりも値が大きい側の測定値の方が（数が少ない分）平均値からの偏差の絶対値が大きくなるようにします。
- 以上の条件を満たすデータを，「的確な直観」を働かせながら試行錯誤して考えます（上記のように，以上の条件を満たすデータは複数存在します）。

【練習問題1-9】
　他のほとんどの測定値に比べて値が極端に大きい外れ値が存在している，正の方向に顕著に歪んだ分布であるために，平均値が中央値よりも大きな値になっているだけかもしれないよ。そうだとしたら，平均値よりも大きな値であった生徒は50％よりもかなり少ないはずで，平均値よりも少なかったからといって他の多くの生徒よりも少ない方であるとは限らないよ。たとえば，極端な例だけど，100人中98人が0で，君が1で，1人が199だとすれば，

平均値は 2 になって，君がつきあった人数は平均値よりも少ないけれど，君は全体の中で 2 番目に多いことになるよ。

【練習問題 1-10】 ① 教科 2 ② 平均値の方が中央値よりも小さい。 ③ 15 点小さい。 ④ 教科 1

たとえば最高点が 90 点だとすると，各教科のテストの得点分布は下図のようになります（図中の斜線部の面積の全体の面積に対する比率は，しんのすけ君よりも高得点であった生徒の割合を表わしています）。

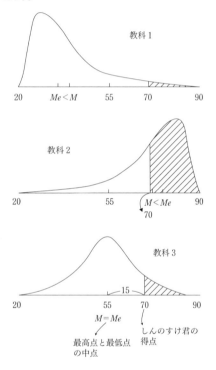

①, ③, ④

- 教科 1 においては，歪度が正なので，最高点と最低点の中点である 55 点よりも小さな値の方が多く，平均値は 55 よりも小さくなります。
- 教科 2 においては，歪度が負なので，最高点と最低点の中点である 55 点よりも大きな値の方が多く，平均値は 55 よりも大きくなります。
- 教科 3 の分布は左右対称形である可能性が高いので，平均値は最高点と最低点の中点と等しくなると考えられます。

＊ただし，20 ページに記したように，左右対称形の分布であれば歪度は必ず 0 になりますが，歪度が 0 であるからといって分布が左右対称形であるとは限りません。

②
- 平均値は外れ値の影響を強く受けます。
- 中央値は，それよりも大きな値と小さな値の数が半々ずつになる値であり，教科2では，中央値よりも大きな値よりも小さな値の方が中央値からの偏差が全般に大きいので，平均値は中央値よりも小さくなります。

【練習問題1-11】　①　アメリカ　②　最大　③　最小（0）

質的変数のデータに関しては，全員が同じ回答をしている（すなわち，すべての測定値が同一である）ケースが散布度が最小であり，少数のカテゴリーに度数が集中しているほど散布度が小さいことになります。一方，各カテゴリーの度数が等しいということは，回答が最も分かれた（測定値が最も散らばっていた）ことになります（『ごく初歩本』の60～61ページを参照してください）。

●2章

【練習問題2-1】　①　.51，②　－.32（左記の正解値と解答した値の差の絶対値が.05くらい以内であれば○，.05～.10くらいであれば△，だと思ってください）

*直観（直感？）で答えるよう求めた問題なので，解説は付けません。このような推定がある程度正確にできることも，統計に関するセンスの1つだと思います。

【練習問題2-2】

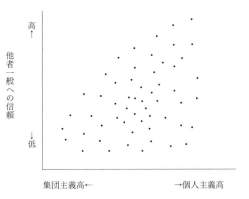

「個人主義－集団主義」傾向

【練習問題2-3】　0

相関図を作成すると，$x = 3$という式で表わされる直線を軸とした線対称な分布になりま

す。そして，『ごく初歩本』の76〜77ページで説明したことからわかるように，x軸またはy軸と平行ななんらかの直線を軸とした線対称な相関図である場合，$r = 0$になります。

【練習問題2-4】 不定になります。
- 5つの点のすべてが，$y = 3$という，傾きが0の直線上にプロットされるからといって，$r = 0$になるわけではありません。
- 少なくとも一方の変数の測定値がすべての対象において同一である場合（すなわち，xとyのいずれか，または，両方の標準偏差が0であるとき），その変数において，各測定値の平均値からの偏差（$x_i - \bar{x}$ または $y_i - \bar{y}$）がすべて0になるので，［2-1］式によって定義される相関係数の値は，$0 \div 0$で，不定になります（$0 \div 0 = a$としたとき，aがどのような値でも$a \times 0 = 0$ となって，確かめ算が成立します）。
- ＊「2つの変数の間にどのような関係が存在しているか（すなわち，xとyの間に，測定値の対象間の変化ないし差異に関してどのような対応関係が存在するか）」ということは，両方の変数に多少なりとも散らばりがあって初めて検討できることです。したがって，問題文に提示したような $s_y = 0$ であるデータは，関係を検討するための前提条件を満たしていないものだと言えます。このような場合には，なぜ散らばりがなかったかについて熟考した上で，事態を改善するためのデータの収集法を考え，それに沿って新たなデータを収集するべきだと考えられます。
- ＊上記のことは，標準偏差が0であるような極端な場合だけに該当するものではありません。切断効果が生じる可能性も踏まえるならば，データの収集段階から，それぞれの変数において相応の散らばりがあるデータが得られるよう留意しておくことが大切です。

【練習問題2-5】 ① C = F > G > D > A = B > E
- ＊データの値を式に代入して計算したりせずに，以下のような相関図を作成して，それを見ながら論理と直観によって解答することを想定した問題です。
- CとFは，プロットされた3つの点が右上がりの1本の直線上に完全に並ぶので，いずれも$r = 1$になります。
- ＊プロットされた点のすべてが1本の直線上に分布していれば，その直線の傾きの大きさにかかわらず，相関係数の絶対値は1になります（ただし，【練習問題2-4】で解説したように，傾きが0の場合にはrは不定になります）。
- Aは，相関図が直線$x = 3$を軸とした左右対称形，および直線$y = 3$を軸とした上下対称形になるので，$r = 0$ になります。
- Bも，相関図が直線$x = 3$を軸とした左右対称形になるので，$r = 0$ になります。
- DとGは，相関図が右上がりの様相を示しているので，$r > 0$ になります。そして，相関図から，Gの方がDよりも右上がりの傾向が明確だと判断されます。ですから，G > Dになります。
- Eは，相関図が右下がりの様相を示しているので，$r < 0$ になります（唯一，負の値になるものなので，一番小さいことになります）。

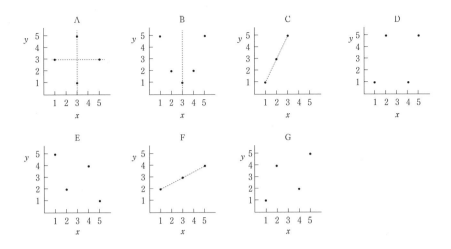

② G
- ①から，候補はGとDであり，後は，相関図から直観的に判断します（ちなみに，Dは，$r = .32$ です）。

③ GとE
- GとEは，相関図が左右を反転させた対称的な関係になっているので，rは，絶対値が等しく，符号が逆になります（このことについては，4章で詳しく説明します）。

【練習問題2-6】 2 4 4 2, 4 2 2 4, 3 5 5 3, など

各測定値の平均値からの偏差 ($y_i - \bar{y}$) がすべて1であれば，平均値からの偏差の標準的な値である標準偏差は1になります。また，【練習問題2-3】や【練習問題2-5】のBのように相関図がx軸またはy軸に平行ななんらかの直線を軸とした線対称形になるようにすれば，相関係数の値は0になります。これらの条件を満たすデータを直観的に考えます。

*この問題と基本的に同一の問題を，45秒という制限時間を設けて，『このシリーズ本を読んでいただくにあたって』（添付冊子）に記した3回目の抜き打ちテストにおいて出したところ，正解者は135人中2人のみでした（「標準偏差が1」ということだけを満たしている解答をした人は6人で，「相関係数が0」ということだけを満たしている解答をした人は9人でした）。

【練習問題2-7】 4 (2) 3 2 4
- $y = 3$ を中心に対称的に分布しているようにすれば，yの平均値が3になります。
- 上記のデータであれば，平均値である3からの偏差が0である3という値以外は平均値からの偏差（の絶対値）がすべて1なので，それらの標準的な値である標準偏差は1よりもやや小さな値になると推論されます。
- xの分布は3を中心とした左右対称形なので，直線$x = 3$を軸とした線対称形の散布図に

なるようにすればr = 0になります。

【練習問題2-8】 右図のように，相関図を作成すると，(1,1)というデータが，残りの9つのデータが示している「xとyが強い負の相関関係にある（$r = -.74$である）」という傾向から顕著に逸脱したところに位置しています。すなわち，この測定値は，各々の変数においては外れ値ではありませんが，xとyの関係を検討するための相関図においては外れ値だと判断されます。そして，このデータの存在によって相関係数の値が大きく左右されていることがわかります。しかし，問題文に記されている分析

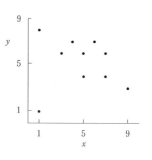

においてはこのような外れ値の存在を踏まえずにすべてのデータを用いた相関係数の算出のみが行なわれ，「2つの変数の間には，ほとんど関係が認められない」という記述がなされています。これは，「全般的傾向を把握する」という統計的データを収集し分析する研究の通常の目的にそぐわないものであり，このような場合には，相関図も提示したり，外れ値を除外した相関係数も同時に算出したり，外れ値の影響をほとんど受けない統計量であるスピアマンの順位相関係数も算出したりして，総合的に判断する方が望ましいと考えられます。

【練習問題2-9】
・外れ値を除外したときの相関係数が-1なので，外れ値以外の6つの値をプロットした点が右下がりの1本の直線上に分布しているようにします。
・外れ値を除外したときの相関係数が負であるにもかかわらず，外れ値を含めると+1に近い値になるということは，このケースの外れ値は，xとyの両方において他の値に比べて極端に外れた値であるとともに，他の値に比

べて極端に大きな値であるか極端に小さな値であるかという外れている方向がxとyで同一であると推論されます。
・xの標準偏差がyの標準偏差よりも少し大きいので，xの方がyよりも外れ値の外れている程度がやや大きくなるようにします。
・xもyも歪度が正なので，外れ値の外れている方向は，いずれも正の方向であるようにします（他の6つの値に比べて極端に値の大きな外れ値が存在する，ということです）。

【練習問題2-10】
①
1）全般に，アメリカ人の方が日本人よりも，成功したことに関して内的原因に帰属した表明を行なう傾向が強い。
2）全般に，アメリカ人の方が日本人よりも，承認獲得欲求が高い。
3）アメリカ人よりも日本人の方が，承認獲得欲求の個人差が大きい。

4）日本人とアメリカ人のいずれにおいても，承認獲得欲求と内的帰属傾向の間には，「承認獲得欲求が高い人ほど，成功したことに関して内的原因に帰属した表明を行なう傾向が強い」という関係が認められる。
5）否認回避欲求の全般的な高さに関しては，日本人とアメリカ人の間に顕著な違いは認められない。
6）アメリカ人よりも日本人の方が，否認回避欲求の個人差が大きい。
7）アメリカ人においては，否認回避欲求の高さと成功したことに関して内的原因に帰属した表明を行なう傾向の間に特定の関係は認められない。それに対して，日本人においては，「否認回避欲求が低い人ほど，成功したことに関して内的原因に帰属した表明を行なう傾向が強い」という関係が認められる。
② 1）平均値 2）平均値 3）標準偏差 4）相関係数 5）平均値 6）標準偏差 7）相関係数

【練習問題 2-11】
①

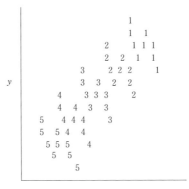

- z による x と y の分割相関係数がいずれも負なので，$z=1, 2, 3, 4, 5$ の各々における x と y の相関図が，いずれも右下がりの様相になるようにします。
- $r_{xy} > 0$ なので，上記の $z=1, 2, 3, 4, 5$ の各々におけるプロットされた点の集合が右上がりに並んでいて，全体としては右上がりの様相を示した相関図になるようにします。
- $r_{xz} < 0$ なので，z の値が大きいほど x の値は小さい傾向があるということです。ですから，z の値が大きいものほど左（下）側に分布しているようにします。

② 負
- ①の相関図では，z の値が大きいものほど下側（すなわち，y の値が小さい側）に分布しているので，r_{yz} は負になります。

【練習問題 2-12】

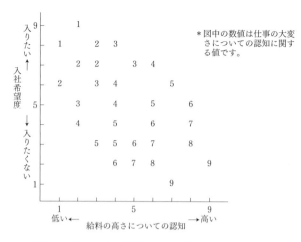

- 給料の高さについての認知と入社希望度の関係について検討することが主目的なので，これらの変数を横軸および縦軸にとり，図中のこれらの値に対応した位置に評定対象となった各会社をプロットします。そして，仕事の大変さについての認知に関しては，図中に各会社のその値を書き入れることによって示すことにします。また，「ある会社について，入社したいと強く思っているので，その会社の給料を高い側に歪んで認知してしまう」というような「入社希望度→給料の高さについての認知」という方向の因果関係があり得ないわけではないでしょうが，一般的には「給料の高さについての認知→入社希望度」と考えるのが自然だと思いますので，給料の高さについての認知を横軸に，入社希望度を縦軸にとることにします。
- 結果の 4) より，仕事の大変さについての認知に関する値が同一であった会社の中では右上がりの様相の相関図になるようにします。
- 結果の 1) より，上記の「仕事の大変さに関する値が 1〜9 の各々の値である場合ごとのプロットされた点の集合」が右下がりに並んでいて，全体としては右下がりの様相を示した相関図になるようにします。
- 結果の 2) および 3) より，仕事の大変さについての認知に関する値が大きい会社ほど下・右側に分布しているようにします。

【練習問題 2-13】　該当するデータの例　　　r_{yz} の符号：負

x　 6　7　7　8　8　9　9 10 10 11 11 12
y　13 12 14 13 10　9 11 10　7　6　8　7
z　 1　1　1　1　2　2　2　2　3　3　3　3

* 「まず以下のように考えながら次ページのような相関図を作成し，それに基づいて上記のようなデータを作る」という手順で行なうことを想定した問題です。
- z は 1〜3 の整数値で平均値が 2 なので，1, 2, 3 が 4 個ずつあるようにします（そうでな

ければならないわけではありませんが，そうした方が考えやすいと思います）。
- z による x と y の分割相関がいずれも $r = 0$ なので，$z = 1, 2, 3$ の各々における x と y の相関図が，いずれも左右対称形 and/or 上下対称形になるようにします。
- $r_{xy} < 0$ なので，上記の $z = 1, 2, 3$ のときの 4 つずつの点の集合が右下がりに分布しているようにします。
- $r_{xz} > 0$ ということは，z の値が大きいほど x の値も大きい傾向があるということです。ですから，z の値が大きいものほど右（下）側に分布しているようにします。
- x の平均値が 9，y の平均値が 10 なので，全体が（9, 10）を中心とした点対称な相関図になるようにします（これも，そうでなければならないことではありません）。
- y と z の相関係数の絶対値が x と z の相関係数の絶対値よりも大きいので，上記の $z = 1, 2, 3$ のときの 4 つずつの点の中心を結んだ直線の傾きが－1 よりも絶対値が大きい負の値になるように（すなわち，z が 1 のときと 2 のときと 3 のときの x の平均値の差異よりも y の平均値の差異の方が大きくなるように）します。

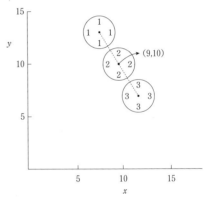

* r_{yz} の符号：右図のように z の値が大きいほど下側（y の値が小さい側）に分布していることになるので，r_{yz} は負になります。
* 模範解答に記したものはあくまで一例であり，以上の条件を満たす解答はいくらでもあります。

【練習問題 2-14】

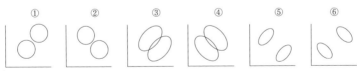

	①	②	③	④	⑤	⑥
全データでの相関	正	負	無	無	負	正
男女ごとの分割相関	無	無	正	負	正	負

* 「男性における相関と女性における相関の様相は同一であるとする」という制約のもとでは，上記の 6 つのケースが考えられます。

【練習問題 2-15】
- 2 つの変数の関係について直観的に把握できる。
- ピアソンの相関係数による数値要約が適切ではない非直線的関係が存在するデータであるかについて吟味できる。

- ピアソンの相関係数による数値要約が適切ではない外れ値が存在するデータであるかについて吟味できる（特に，【練習問題2-8】のようなデータに関しては，相関図を作成しなければ外れ値の存在を見いだすことは困難です）．
- 分割相関を算出する必要があるデータであるかについて吟味できる．ただし，このことについて吟味する際には，各点（すなわち，各対象）の「データを分割するために用いる第3の変数の値」がわかるように工夫した，図2-9のような相関図にする必要があります．

*以上のことについては，『ごく初歩本』の81〜84ページを参照してください．

【練習問題2-16】　「読書を多くすることは国語の成績の向上に寄与している」という解釈は，「読書量→成績の良さ」という方向の因果関係を想定したものだと考えられます．しかし，この研究は読書量を人為的に操作した実験的研究ではなく，あくまで相関的研究です（実験的研究と相関的研究ということについては，『ごく初歩本』の170〜171ページの『ちょっと余分な話11』や吉田，2003を参照してください）．したがって，問題文に記されているような分析結果が示されても，因果の方向を特定することはできません．そして，この場合，「成績の良さ→読書量（成績が上がったために動機づけが高まり，自発的にたくさんの本を読むようになった）」という逆方向の因果関係の存在や，親の養育態度・家庭環境などのなんらかの第3の変数が共通に介在した擬似相関の可能性も多分にあり得ると思います．ですから，問題文に記されているような解釈は一面的なものだと考えられます．

【練習問題2-17】
- U（ないし，V）字型や逆U字型などの，相関図が左右対称形または上下対称形である曲線的関係がある．
- 全般的には正または負の相関関係にあるが，外れ値の存在により $r \fallingdotseq 0$ になっている（下図の(a)）．
- 本来は正または負の相関関係にあるが，第3の変数の介在により擬似無相関の状態になっている（図2-9参照）．
- 第3の変数の値によって x と y の関係の様相が逆転しているため，全体としては無相関になっている（下図の(b)）．
- 本来は正または負の相関関係にあるが，「$x+y$ がほぼ一定」もしくは「$y-x$ がほぼ一定」の範囲のデータしか得られていないことに伴う切断効果の介在により $r \fallingdotseq 0$ になっている（下図の(c)：「ちょっと余分な話3」参照）．

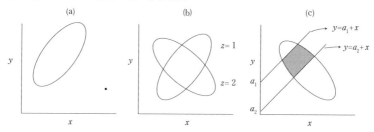

＊以上のようなことを即座に思い浮かべられるようになることは重要だと思います。

【練習問題 2-18】 ①　2つの変数の間に非直線的関係があると予想されるときや，相関図を作成した結果，非直線的関係が認められるときに行ないます。

＊直線的関係であれば，相関係数を用いて数値要約した方が，1つの値を提示するだけでデータの様相が的確に記述できるのですから，効率的で望ましいと考えられます。

②　1）非直線的関係について検討するのですから，少なくとも3群以上に分けます。

＊たとえば，xを横軸にとり，yを縦軸にとった場合に，U（ないし，V）字または逆U字型の左右対称形の非直線的関係が存在しているとします。このような場合に，xの値がその平均値よりも大きい群と小さい群の2群しか設けていないと，各群のyの平均値には差が認められないため，「これらの変数の間には関係がない」という判断をしかねません。

　2）2つの変数の間に，どちらが予測する変数（ないし，原因となる変数）で，どちらが予測される変数（結果となる変数）であるかという区別がある程度つく場合には，前者の変数の値によって群分けをし，それらの群間で後者の変数の平均値を比較します。

＊上記と同様に，xを横軸にとり，yを縦軸にとった場合に，U（ないし，V）字または逆U字型の非直線的関係が存在しているとします。このような場合に，yの値に基づいて群分けをすると，どの群のxの平均値も同じ値になってしまうため，やはり「これらの変数の間には関係がない」という判断をしかねません。

【練習問題 2-19】　3人の女性の各々において，次のような分析を行ないました。
1）各変数に関する度数分布の把握
2）各変数に関する平均値と標準偏差の算出（歪度と尖度についても算出しておいた方が望ましいと思いますが，ここでは省略します）
3）「性格についての印象」と「好悪感情」の関係について検討するための相関図の作成
　　1：「性格についての印象」に関する1つひとつの変数と「好悪感情」の関係
4）各変数間の相関係数の算出
5）「性格についての印象」と「好悪感情」の関係について検討するための相関図の作成
　　2：「性格についての印象」に関する2つずつの変数と「好悪感情」の関係

《分析1,分析2の結果》

＊度数分布については，ヒストグラムなどを用いて図示した方が傾向が把握しやすいと思いますが，紙面の関係で，ここでは度数分布表を提示します。

好悪感情	1	2	3	4	5	6	7	8	9	平均値	標準偏差
女性A	4	3	3	3	6	2	2	2	5	4.93	2.67
B			3	5	15	4	2	1		5.00	1.13
C	1	2	3	5	7	3	3	4	2	5.27	2.10

まじめさについての印象	1	2	3	4	5	6	7	8	9	平均値	標準偏差
女性A	1	4	5	4	4	3	5	2	2	4.90	2.23
B		1	3	7	9	6	3	1		4.97	1.35
C	1	1	2	6	9	5	3	2	1	5.13	1.73

知性についての印象	1	2	3	4	5	6	7	8	9	平均値	標準偏差
女性A	1	1	2	4	12	5	2	2	1	5.13	1.67
B					7	6	8	6	3	6.73	1.29
C	1	2	3	3	7	6	4	3	1	5.27	1.93

温かさについての印象	1	2	3	4	5	6	7	8	9	平均値	標準偏差
女性A	1	3	1	6	9	5	2	2	1	4.93	1.82
B		1	3	7	10	5	2	2		4.97	1.40
C	3	2	2	5	8	4	3	3		4.73	2.00

《分析3の結果》

*非直線的関係が認められたケースのみを提示します(外れ値であると判断される値を含むケースは見当たりませんでした)。

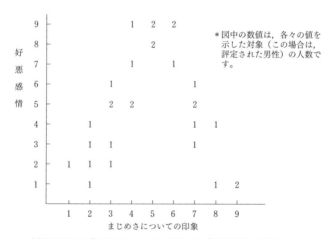

女性Aにおける「まじめさについての印象」と「好悪感情」の関係

《分析4の結果：相関係数》

		まじめさについての印象	知性についての印象	温かさについての印象
好悪感情	女性A	.02	−.16	.11
	B	.79	.67	−.82
	C	−.17	.62	−.10
まじめさについての印象	女性A		−.07	.20
	B		.70	−.70
	C		−.16	.13
知性についての印象	女性A			.09
	B			−.50
	C			−.79

《分析5の結果》

＊「性格についての印象」に関する変数を同時に2つ組み入れて分析したことが有効だったと判断されるケースのみを提示します。

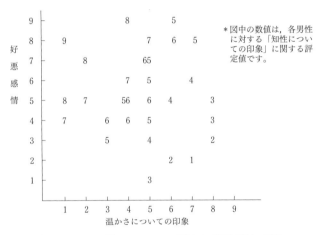

女性Cにおける「温かさについての印象」と「好悪感情」の関係
（「知性についての印象」を同時に組み入れた相関図）

《結果の読みとり・解釈》

〔女性A〕

・「好悪感情」と「まじめさについての印象」における標準偏差が他の2名よりも大きく，（この3人の女性の中では，初対面の；以下省略）男性に対する好き嫌いが激しいとともに，男性のまじめさについて敏感である可能性が高いと推察されます。

・まじめさに関して，「まじめ」であれ「ふまじめ」であれ，強い印象を抱いた男性は嫌っていて，中程度であるという印象抱いた男性は好いているという，逆V字型の非直線的

関係が顕著に認められます。すなわち，「まじめさに関しては中庸を好む」という傾向です。
- 「知性についての印象」と「温かさについての印象」に関しては，好悪感情との間に特定の関係は認められません。
- 「まじめさについての印象」と「知性についての印象」と「温かさについての印象」の間には，直線的関係は認められません。

〔女性B〕
- 「知性についての印象」における平均値が他の2名よりも大きく，男性の知性に関して，全般に，知性的であるという方向に偏った印象を抱く傾向があると推察されます。
- いずれの変数においても標準偏差が小さく，かつ，「好悪感情」と「まじめさについての印象」と「温かさについての印象」においては"どちらともいえない"という中立点を中心に分布しています。したがって，これらの点に関しては，男性に対して強い感情や印象を抱くことが少ない傾向があるようです。そして，このような傾向は特に「好悪感情」において顕著であり，このようなことから，女性Aとは逆に，男性に対する好き嫌いが激しくないと推察されます。
- 「まじめさについての印象」と「知性についての印象」は「好悪感情」と正の相関関係にあり，「温かさについての印象」は「好悪感情」と負の相関関係にあります。したがって，男性に対して「まじめ」で「知性的」で「冷たい」という印象を強く抱くほど，その男性に対してポジティブな感情を抱く傾向が認められます。ただし，なんらかの要因によって先に「好悪感情」が生起し，それによって「性格についての印象」が影響を受けているというような逆方向の因果関係の存在や，なんらかの共通の要因が「好悪感情」と「性格についての印象」の双方に影響を及ぼしているために生じた擬似相関である可能性などもあり得ると考えられます（この点は，他の女性における結果に関しても同様にあてはまることです）。
- 「まじめさについての印象」と「知性についての印象」は正の相関関係にあるとともに，それらは，いずれも「温かさについての印象」と負の相関関係にあります。すなわち，「まじめである」という印象を抱いた男性には「知性的である」という印象を抱く傾向があるとともに，そのような印象を抱いた男性には「冷たい」という印象を同時に抱く傾向が認められます。このように各性格特性についての印象（認知）が互いに強く関係していることから，対人認知に関する認知的複雑性が低い（1次元的で，未分化ないし単純な認知をしている）傾向があると推察されます。また，上記の「好悪感情」と「性格についての印象」に関する各変数の関係に関する結果から，「認知と感情の分化度が低い」とも言えるかもしれません。

〔女性C〕
- 「知性についての印象」と「好悪感情」の間に正の相関関係が認められ，「知性的である」という印象を強く抱くほど，その男性に対してポジティブな感情を抱く傾向が認めら

す。

- 「知性についての印象」と「温かさについての印象」の間に－.79という強い負の相関関係が認められます。また，各男性に対する「知性についての印象」に関する評定値がわかるようにして作成した「温かさについての印象」と「好悪感情」の相関図を見ると，「知性についての印象」が一定であれば（すなわち，「知性についての印象」に関する評定値が同じである男性ごとにみれば），全般に，「温かさについての印象」と「好悪感情」の間には正の相関関係があることが認められます。したがって，「温かい」という印象を抱いた男性には，それ自体の効果によってポジティブな感情が生起するが，そのような男性には同時に「知性的でない」という印象も抱き，そのことがネガティブな感情の生起につながるため，それらの相反する効果が相殺されて，「温かさについての印象」と「好悪感情」の間の相関係数が－.10というような小さな値になっているのではないかと推論されます。
* このような3つ以上の変数間の関係について検討するための分析法として，『ちょっと本Ⅲ』で解説する偏相関係数の算出や重回帰分析があります。
- 「まじめさについての印象」に関しては，好悪感情との間に特定の関係は認められません。
* 以上のような結果は，各女性が男性に対して抱く印象と感情に関する特徴のみを反映したものではなく，自身が抱いた印象や感情を内省する過程，および，内省したことを表明する過程の個人差を反映したものである面もあると考えられます（たとえば，Bさんの好悪感情に関する評定値の標準偏差が小さいのは，「他者に対する好き嫌いを明確に表明することは望ましくない」といった信念が意識的または無意識的に介在した回答上のバイアスによるものである，などといった可能性もあり得ると思います）。また，あくまでビデオで提示された初対面の男性が対象である場合の結果であり，知人である男性が対象である場合や，芸能人やスポーツ選手などの著名な男性が対象である場合などでは，個人差の様相が変わるかもしれません。実際の研究において考察を行なう際には，これらのことも踏まえておくことが大切だと思います。

【練習問題2-20】

ローデータ（解答）　　左記のデータを順位に変換したもの
　　x　1 2 3 6　　　　　x　4 3 2 1
　　y　6 5 2 1　　　　　y　1 2 3 4

- スピアマンの順位相関係数が－1なので，xとyの各々において各対象の測定値を大きさの順位に変換したときに，xにおける順位とyにおける順位が完全に逆転しているようにします（上記の場合には，xにおいてもyにおいても，値が大きい方から1, 2, 3, 4としています）。
- ただし，上記のように，xの値が大きい対象ほどyの値は小さいという単調減少傾向は例外なく認められるものの，ピアソンの相関係数は－1ではないので，ローデータにつ

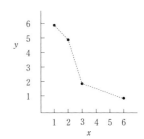

いての相関図が前ページの図のようにプロットされた点が完全に1本の直線上に並んでいるものにはならないように（言い換えれば，傾きが一定ではないように）します。

【練習問題 2-21】　① $r > r_s$
- 相関図を作成すると右上がりの様相を示しているのでrもr_sも正の値になりますが，rは，$(9, 9)$という，（xの値もyの値も他の対象に比べて極端に大きい）外れ値だと判断される測定値の影響を強く受けて，かなり大きな値になります。これに対して，r_sはローデータを順位に変換したデータについてrを算出したものであり，順位データに関するものであるということは外れ値と他の測定値の間の差の大きさが値に反映されないため，外れ値の影響をほとんど受けません（詳しくは，『ごく初歩本』の92〜93ページを参照してください）。ですから，rほど大きな値にはなりません。

② $r < r_s$
- ローデータについて相関図を作成すると，正の相関関係にあることがわかりますが，完全な直線的関係ではないので，$r = 1$にはなりません。これに対して，区間によって傾きは異なっていますが，xの値が大きいほどyの値も大きいという単調増加傾向は例外なく認められ，各対象のxにおける順位とyにおける順位が完全に一致しているので，$r_s = 1$になります。

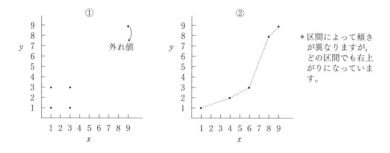

【練習問題 2-22】　.98
- $n = 8$の場合，スピアマンの順位相関係数が1および-1になる順位データは，それぞれ，以下の通りです。

  〔$r_s = 1$のデータ〕　　　　　〔$r_s = -1$のデータ〕
  　x　1 2 3 4 5 6 7 8　　　x　1 2 3 4 5 6 7 8
  　y　1 2 3 4 5 6 7 8　　　y　8 7 6 5 4 3 2 1

- 上記の各々の場合の各対象のxにおける順位とyにおける順位の差の2乗和（Σd^2）は，0（最小値），168（最大値）になります。
- したがって，Σd^2がその最小値と最大値の真ん中である84になるときに$r_s = 0$になります。
- Σd^2が0の次に小さいのは，以下のように，上記の$r_s = 1$のデータにおいて隣接してい

る 2 つの対象における y の順位が一箇所だけ逆転した場合であり，そのときの Σd^2 の値は 2 になります。

```
x  1 2 3 4 5 6 7 8
y  1 2 3 4 5 6 8 7
```

- $\Sigma d^2 = 0$ のときが $r_s = 1$ で，$\Sigma d^2 = 84$ のときが $r_s = 0$ であることに基づいて比例配分して考えると，$\Sigma d^2 = 2$ のときの r_s の値は，$82 \div 84 = .98$ となります。

* Σd^2 が最大値である 168 の次に大きい場合で考えても，同様の結果になります。

【練習問題 2-23】　　x　1　2　3　4
　　　　　　　　　　y　3　4　1　2

- $n = 4$ の場合の $r_s = 1$ になる順位データと $r_s = -1$ になる順位データは，以下の通りです。

$r_s = 1$ になる順位データ					$r_s = -1$ になる順位データ				
x における順位	1	2	3	4	x における順位	1	2	3	4
y における順位	1	2	3	4	y における順位	4	3	2	1
順位の差 (d)	0	0	0	0	順位の差 (d)	-3	-1	1	3
$\sum_{i=1}^{4} d_i^2 = 0+0+0+0 = 0$（最小）					$\sum_{i=1}^{4} d_i^2 = 9+1+1+9 = 20$（最大）				

- したがって，$n = 4$ の場合，r_s と Σd^2 の間には，以下のような対応関係があることになります。

そして，$r_s = -.6$ となる Σd^2 の値は，10 と 20 の間を 6：4 に内分するところの値 (16) であることになります。

- この場合，d_i^2 の値は 0, 1, 4, 9 のいずれかであり，$n = 4$ なので，総和が 16 になるのは，d_i^2 がすべて 4 である場合だと考えられます。そして，このようになるのは，解答として記したデータだけだと考えられます。

- r_s はローデータを順位に変換したデータについて r を算出したものなので，もともとローデータが順位のようになっているものであれば，解答に記したデータは，$r_s = -.6$ であるだけでなく，$r = -.6$ であることにもなります。

【練習問題 2-24】　$-1, -.5, .5, 1$ のいずれかにしかなりません。

- $n = 3$ の場合，一方の変数（x）における各対象の順位を任意のものに固定すると，他方の変数（y）における各対象の順位として，次ページの 6 つのケースが考えられます。そして，それぞれのケースにおける Σd^2 と r_s の値は，各々の右側に記したようになります。ですから，いずれの変数においても同じ値がなければ，$n = 3$ の場合，スピアマンの順位相関係数は，$-1, -.5, .5, 1$ のいずれかであることになります。

x	1 2 3	Σd^2	r_s
y_1	1 2 3	0	1
y_2	1 3 2	2	.5
y_3	2 1 3	2	.5
y_4	2 3 1	6	−.5
y_5	3 1 2	6	−.5
y_6	3 2 1	8	−1

【練習問題 2-25】 多くの場合,検討の対象になっている2つの変数の間には「予測ないし説明する変数」と「される変数」の区別があるので,そのような場合には,一般に前者の変数のカテゴリー別に後者の変数の各カテゴリーの度数の比率を算出します。

＊たとえば,出身地域と麺類の好みの関係に関しては,「ある地域に生まれ育ったために特定の麺類を好むようになる」ということはあり得るでしょうが,「ある麺類が好きだから○○地域に生まれた」などということはあり得ないでしょう。したがって,このような場合には,出身地域別に各麺類を好んでいる人数に関する比率を算出します。

【練習問題 2-26】 ① $n_{11}n_{22} - n_{12}n_{21}$　②,③ $n_{11} = n_{22} = 0$, $n_{12} = n_{21} = 0$ （順不同）

＊①〜③は,30ページに記したことの確認問題です。

④ $\dfrac{(n_{11}+n_{12})(n_{11}+n_{21})}{(n_{11}+n_{12}+n_{21}+n_{22})}$

・2つの質的変数の間にまったく関係がないということは,「各行の第1列のセルの度数 (n_{11}およびn_{21}) のその行の周辺度数 ($n_{1\cdot}$および$n_{2\cdot}$,すなわち,$n_{11}+n_{12}$ および $n_{21}+n_{22}$) に対する比率」と「各行の度数を合計した第1列の周辺度数 ($n_{\cdot 1}$,すなわち,$n_{11}+n_{21}$) の総度数 (N,すなわち,$n_{11}+n_{12}+n_{21}+n_{22}$) に対する比率」が等しいということです。したがって,$n_{11} : n_{11}+n_{12} = n_{11}+n_{21} : n_{11}+n_{12}+n_{21}+n_{22}$ であり,これをn_{11}について解くと上記のようになります。

⑤ $n_{11}+n_{12}+n_{21}+n_{22}$

・2×2のクロス表に関するχ^2値は,2つの質的変数の間に完全な関係があるとき,総度数と等しくなります。

＊④,⑤については,『ごく初歩本』の116〜118ページの「ちょっと余分な話6」を参照してください。

【練習問題 2-27】 ① 4人

・男女合わせた全体では,賛成した人と反対した人の人数の比は,27：12,すなわち,9：4です。そして,性別と意見の間に関係がないということは,男性でも女性でも,賛成した人と反対した人の比が同じ9：4である,ということです。ですから,男性においては18人：8人で,女性においては9人：<u>4人</u>,ということになります（『ごく初歩本』の117ページの［4-16］式に基づくならば,13×12÷39＝4 ということになります）。

② いずれも 0
- この場合, χ^2 値も ϕ 係数も 2 つの質的変数の間の関係の強さの指標であり, 関係がまったくないとき, いずれも 0 になるように定義されています。

③ 　　　賛成　反対　　　　　　　賛成　反対
　男性　26　　0　　または　男性　0　　26
　女性　　0　 13　　　　　　女性　13　　0

- 【練習問題 2-26】の②および③を参照してください。

④ 　$\chi^2 = 39$, 　$\phi = 1$
- 【練習問題 2-26】の⑤, および,『ごく初歩本』の110〜111ページと116〜118ページの「ちょっと余分な話 6」を参照してください。

【練習問題 2-28】

① 　　　　　うどん　そば　ラーメン　　　　　うどん　そば　ラーメン
　ビール　　30　　30　　30　　　ビール　　45　　30　　15
　日本酒　　20　　20　　20　　　日本酒　　30　　20　　10
　焼酎　　　10　　10　　10　　　焼酎　　　15　　10　　 5
　ワイン　　40　　40　　40　　　ワイン　　60　　40　　20

- 各お酒を選んだ人たちにおける"うどん"の度数と"そば"の度数と"ラーメン"の度数の比が等しくなるようにします。

② 　　　　　うどん　そば　ラーメン
　ビール　　 0　　 0　　90
　日本酒　　 0　　60　　 0
　焼酎　　　30　　 0　　 0
　ワイン　　 0　　120　　0

- 行数と列数（すなわち, 各変数を構成しているカテゴリーの数）が異なる場合, カテゴリー数が多い方の変数の各カテゴリーにおいて, もう一方の変数の各カテゴリーの度数が 0 ではないセルが 1 つずつだけあるようにします（『ごく初歩本』の114〜116ページを参照してください）。

③ クラメールの連関係数 (V)

④ 　$V = 0$, 　$\chi^2 = 0$
- いずれも, 関係がまったくないときに 0 になるように定義されています。

⑤ 　$V = 1$, 　$\chi^2 = 600$
- V は, 2 つの質的変数の間に完全な関係があるとき, 1 になるように定義されています（『ごく初歩本』の116〜118ページを参照してください）。
- χ^2 値は, 2 つの質的変数の間に完全な関係があるとき, 行数と列数のうちの少ない方を m とした場合, 「$(m-1) \times$ 総度数」になります。
- ＊このことに関しては, ②の解答に記したもの以外にも種々の該当例を考え, それらのデー

157

タについて『ごく初歩本』の117ページの［4-18］式を用いてχ^2値を算出し、確認してもらえればと思います。

⑥ 18
- "うどん"と答えた人が全体で90人いたということは、全体では（90÷300）×100＝30（％）が"うどん"と答えたことになり、好きなお酒と麺類の好みの間に関係がまったくなければ（すなわち、各麺類を選択した人の比率がどのお酒が最も好きな人によって異ならないのであれば）、最も好きなお酒として日本酒を選んだ60人においても"うどん"と答えた人が30％いることになります。したがって、60×.3＝18となります。

【練習問題2-29】「社長になりたいなら、N大学に行くのが得策だ」と述べているということは、「N大学に行けば社長になれる確率が高まる」と主張していることになると考えられます。しかし、日本の企業の社長においてN大学出身の人が最も多かったのは、単にN大学が日本の大学の中で学生数（≒卒業者数）が最も多いからであり、大学ごとに全学生数に対する比率を算出して比較すれば、結果は変わるかもしれません。また、N大学出身者が社長になっている比率が最も高かったとしても、それは、もともと社長になる可能性が高かった人（たとえば、会社経営者を近親者にもつ人や、入学前から社長になるための素質を強く有していた人）がN大学に高い比率で入学しているからなのかもしれません。ですから、そのようなデータであっても、「N大学に行ったことが社長になることを促進した」とは言い切れないと思います。以上のことから、問題文中に記されているデータだけでは、「社長になりたいなら、N大学に行くのが得策だ」と主張するための証拠として脆弱だと考えられます。

【練習問題2-30】　合格のしやすさというものは、合格者数ではなく、合格率（各塾からの全受験者数または各塾の全塾生数に対する合格者の割合）に基づいて判断すべきだと考えられますが、上記の宣伝には合格者数しか提示されていません。そして、この場合、合格者数が増加していても、それは単にA塾の塾生数ないしA塾からの受験者数が増加したからであり、合格率は増えていないのかもしれません。また、たとえ合格率が増加していたとしても、A塾の合格率が他の塾の合格率や塾に行っていない人たちの合格率に比べて高いとは限らないので、A塾に入ることが、他の塾に入るよりも（または、塾に行かずに自分で勉強したり、家庭教師についたりすることよりも）得策であるとは言えません。さらに、B中学の定員が近年増加している、というようなことがあるかもしれません。そして、A塾の合格率が相対的に高かったとしても、それは、もともと合格する可能性が高い優秀な児童が数多くA塾に入っていたことによるとも考えられるので、必ずしもA塾の指導の効果を示すものだとは言えないと考えられます。

以上のことから、宣伝中に記されているデータは、「A塾に入ること→B中学への合格」という因果関係の存在を示唆していると言えるであろう主張をするための証拠として脆弱だと考えられます。

● 3章

【練習問題 3-1】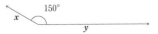

- 変数 y の標準偏差は変数 x の標準偏差の 3 倍なので，y ベクトルの長さを x ベクトルの長さの 3 倍にします。
- 相関係数が $-\frac{\sqrt{3}}{2}$ であるということは，$\cos\theta$ が $-\frac{\sqrt{3}}{2}$ ということなので，θ は下図のように 150°であることになります。

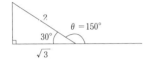

【練習問題 3-2】 $-.5 \leqq r_{yz} \leqq 1$

- r_{xy} と r_{xz} がともに .5 なので，x ベクトルと y ベクトルの成す角と x ベクトルと z ベクトルの成す角は，ともに 60°であることになります。
- r_{yz} が大きな値になるということは，y ベクトルと z ベクトルの成す角が小さくなるということです。そして，上記の条件下で y ベクトルと z ベクトルの成す角が最も小さくなるのは，下図(a)のように，y ベクトルと z ベクトルが同一の方向のベクトルである場合です。ですから，問題文に提示されている条件下での r_{yz} の最大値は $\cos 0° = 1$ です。
- 逆に，r_{yz} が小さな値になるということは，y ベクトルと z ベクトルの成す角が大きくなるということです。そして，上記の条件下で y ベクトルと z ベクトルの成す角が最も大きくなるのは，下図(b)のように，x ベクトルと y ベクトルと z ベクトルが同じ平面上にあり，かつ，y ベクトルと z ベクトルが x ベクトルを対称軸とした線対称な位置にある場合です。ですから，問題文に提示されている条件下での r_{yz} の最小値は $\cos 120° = -.5$ です。

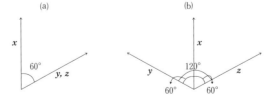

〔示唆していること〕
　2 つの変数（y と z）が 1 つの変数（x）と同符号の相関関係にあるとき，一般に，y と z は正の相関関係にあるだろうと推論すると思います。このような推論は正しい可能性が高い

ものですが，r_{xy}とr_{xz}がともに.5であるときにr_{yz}が$-.5$にまでなり得ることが例証しているように，そうならないことも多分にあり得ます。ですから，「一方の変数の値が大きいほど，他方の変数の値は〜である傾　向　が　あ　る」といった確率的現象を表わすものである相関係数に基づいて，上記のような推論をし，それが確実なものだと決めつけてしまうのは，相関係数の値がかなり大きい場合でない限り，危険だと考えられます。

【練習問題 3-3】
```
x   1 2 3
y   2 1 3
z   1 3 2
```

・考え方については，【練習問題2-24】の解答と解説を参照してください。

なお，データ数が5の場合には，次のようなデータが，$r_{xy} = r_{xz} = .5$，$r_{yz} = -.5$になります。

```
x   2 1 5 4 3
y   1 2 3 4 5
z   4 2 5 3 1
```

【練習問題 3-4】 20

・まず，読者のみなさんを惑わすために提示しただけで，平均値の値は解答には関係しません。すみません。
・両教科の得点の相関係数が0なので，これらの2つの変数のベクトルは直交しています。そして，ベクトルの長さに対応している標準偏差が，一方は12で，他方は16なので，三平方の定理より，合計点の標準偏差の2乗（分散）$= 12^2 + 16^2 = 400$で，合計点の標準偏差は$\sqrt{400}$で20になります。

【練習問題 3-5】 ① 2　　② $\sqrt{2}$　　③ .5　　④ $\sqrt{6}$　　⑤ 0

①，② 以下の図から明らかなように，xとyと$y-x$のデータの散らばりの大きさは同じです。ですから，$y-x$の標準偏差はxと同じ$\sqrt{2}$です。また，①で問うているのは分散なので，$\sqrt{2}$の2乗で，2です。

```
              0 1 2 3 4 5 6 7
x    1 2 3 4 5
y    4 6 3 5 7
y-x  3 4 0 1 2
x+y  5 8 6 9 12
```

③ xとyと$y-x$の標準偏差が等しいので，これらの変数のベクトルが次ページの図のように正三角形を構成する関係にあることになり，$\theta_{xy} = 60°$となります。したがって，$r_{xy} = \cos 60° = .5$です。

④ 下図において，$\sqrt{2} : c = 2 : \sqrt{3}$となります。したがって，$c = \dfrac{\sqrt{6}}{2}$です。そして，$x+y$の標準偏差に対応しているのは図中の$d$であり，$d = 2c$です。

⑤ ［3-10］式およびその説明を参照してください。また，実際に計算をし，$s_x = s_y$であるとき，$r_{x+y \cdot y-x} = 0$になることを確認してください。

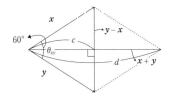

【練習問題 3-6】 $r_{xy} < -.5$ である場合

- ［3-9］式より，2つの変数の和の値の標準偏差は，各変数の標準偏差の値が所与であるとき，2つの変数の相関係数が小さいほど小さくなります。そして，下図のように $\theta_{xy} = 120°$（すなわち，$r_{xy} = \cos 120° = -.5$）であるとき，△OAC と △OBC はともに正三角形になり，OA＝OB＝OC，すなわち，「x の標準偏差＝y の標準偏差＝$x+y$ の標準偏差」となります。したがって，θ_{xy} が 120° よりも大きければ（すなわち，$r_{xy} < -.5$ であれば），題意を満たすことになります。

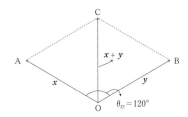

なお，以下のデータは，$s_x = s_y = s_{x+y}$ になるように作ったものであり，$\theta_{x \cdot x+y} = \theta_{y \cdot x+y} = 60°$，$\theta_{xy} = 120°$ なので，$r_{x \cdot x+y} = r_{y \cdot x+y} = .5$，$r_{xy} = -.5$ になります。実際に計算をして，確認してください。

x	1	2	3	4	5
y	5	2	4	1	3
$x+y$	6	4	7	5	8

【練習問題 3-7】 平均値 ①，②，③ 1.3　標準偏差 ① 2.5 ② $\sqrt{3.25}$ ③ 3.5

〔平均値〕2つの変数の差の値の平均値は，それらの間の相関係数の値にかかわらず，各変数の平均値の差になります。

〔標準偏差〕
① 三平方の定理を適用します。
② 余弦定理（［3-8］式）を適用します。
③ 次ページの図からわかるように，2つの変数の相関係数が－1であるならば，差の値の標準偏差は各変数の標準偏差の和になります。

1回目　2回目
←——•——→
変化量

【練習問題3-8】　① いずれも正　② いずれも負　③ $r_{x\cdot x+y} > r_{y\cdot x+y}$　④ $|r_{x\cdot y-x}| > |r_{y\cdot y-x}|$

① 下図のように，xベクトルと$x+y$ベクトルの成す角もyベクトルと$x+y$ベクトルの成す角も鋭角なので，$r_{x\cdot x+y}$と$r_{y\cdot x+y}$は，いずれも正の値になります。なお，$r_{xy} > 0$であれば，xベクトルとyベクトルの成す角が鋭角になるので，xベクトルと$x+y$ベクトルの成す角とyベクトルと$x+y$ベクトルの成す角は，ともに常に鋭角になります（もちろん，$r_{xy} < 0$である場合には，この限りではありません）。

② 下図のように，この場合，xベクトルと$y-x$ベクトルの成す角もyベクトルと$y-x$ベクトルの成す角も鈍角なので，$r_{x\cdot y-x}$と$r_{y\cdot y-x}$は，いずれも負の値になります。

③ $s_x > s_y$であるため，xベクトルと$x+y$ベクトルの成す角の方がyベクトルと$x+y$ベクトルの成す角よりも小さくなっています。ですから，xの方がyよりも$x+y$との相関係数が大きくなります。

④ ③と基本的に同様です。また，下図のように，xベクトルと$y-x$ベクトルの成す角の方がyベクトルと$y-x$ベクトルの成す角よりも180°に近い鈍角であることからも，xの方がyよりも$y-x$との相関係数の絶対値が大きくなることがわかります。

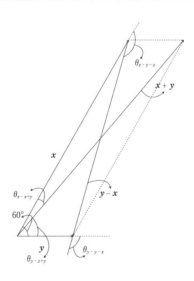

なお，以下のデータは，問題文に提示されている条件を満たすものです。

x	0	4	8	12	16	$s_x = 5.66 \langle 4\sqrt{2} \rangle$	$r_{xy} = .5$
y	3	2	1	5	4	$s_y = 1.41 \langle \sqrt{2} \rangle$	

$x+y$	3	6	9	17	20
$y-x$	3	-2	-7	-7	-12

$r_{x \cdot x+y} = .98$, $r_{y \cdot x+y} = .65$
$r_{x \cdot y-x} = -.97$, $r_{y \cdot y-x} = -.28$

●4章

【練習問題 4-1】 素点：52点，偏差値：58
・標準得点が0.8であるということは，Aさんの素点は，平均値よりも標準偏差の0.8倍大きな値だったことになります。ですから，40＋15×0.8で，52になります。
・偏差値は，平均値が50で，標準偏差が10になるように標準化された値です。ですから，標準得点が0.8だったAさんの偏差値は，50よりも10の0.8倍大きな値になります。

【練習問題 4-2】 偏差値が35だということは（標準得点が−1.5だということなので），その対象の素点（測定値）が，標準偏差の1.5倍，平均値よりも小さな値であることを意味しています。

【練習問題 4-3】 他のほとんどの測定値に比べて値が極端に小さな外れ値が存在する，歪度が絶対値が大きな負の値になるデータだと考えられます。
・図4-2を提示して説明したように，正規分布からの逸脱が顕著でなければ，各測定値の標準得点の値は，たいてい−3〜＋3の範囲に入ります（すなわち，平均値から標準偏差の3倍以上離れた値は，通常は，まず存在しません）。ですから，標準得点が−5という値は，平均値よりも小さい側で，平均値から極端に離れた位置にある，外れ値であることになります。

【練習問題 4-4】 平均値からの偏差が10点しかなくても，データの散らばりが小さければ（すなわち，ほとんどの人の値が平均値付近であれば），かなり悪い方であることになるかもしれないよ。たとえば，標準偏差が4しかなければ，君の標準得点は $(42-52) \div 4$ で，−2.5になり，分布がほぼ正規分布に従っていれば，君は下位0.6％くらいの位置にいることになるよ（だから，最下位かもしれないよ）。

【練習問題 4-5】

	平均値	標準偏差	素点		標準得点		偏差値	
			頼朝	義経	頼朝	義経	頼朝	義経
国語	60	20	80	70	1.0	0.5	60	55
数学	60	5	65	70	1.0	2.0	60	70
合計			145	140	2.0	2.5	120	125

平均値からの偏差が同じでも，標準偏差が小さい場合の方が，標準得点の絶対値が大きくなり，それを10倍して50を足した値である偏差値が50から大きく離れた値になります（こ

の場合は，2人ともどちらの教科においても平均点以上の点を取ったということなので，50よりも，より大きな値になります）。このことを踏まえて，義経君の方が素点の合計が低かったにもかかわらず，偏差値の合計が高かったことについて考えると，義経君は，標準偏差が相対的に小さかった方の教科で頼朝君よりも平均値から大きく離れた得点を取ったと推論されます。このようなことに基づいて考えた例が，前ページの表に示したものです。

【練習問題 4-6】　各教科の得点の分布の形は同一なので，得点の順位が下位であるということは，標準得点が小さいことに対応します。また，どの教科においても，まる子ちゃんの素点は平均点よりも 15 小さかったので，3 教科とも，標準得点は負で，標準得点の算出式である［4-1］式の分子は -15 になります。

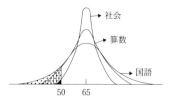

ですから，［4-1］式の分母である標準偏差が小さいほど標準得点の絶対値が大きくなって，値そのものは小さくなり，順位も下位になります。以上のことから，散布度（標準偏差）の大きさに，「国語＞算数＞社会」という違いがあると推論されます。

【練習問題 4-7】
① 何点満点かが同じでも，採点結果（得られたデータの値）の散布度が異なっていれば，ウエイトが同じであることにはなりません。3章の「個々の値と和の値，差の値の相関」の項に記したように，散布度が大きい科目の方が合計点との相関が大きくなり，合否を大きく左右することになります。
② まず科目ごとに各受験生の素点を標準得点または偏差値に変換し，それらの合計点に基づいて合否判定を行えば，各科目のウエイトを等しくしたことになります。
＊科目ごとに標準得点に変換したということは，各科目の標準偏差を 1 に揃えたということであり，偏差値に変換したということは，標準偏差を 10 に揃えたということです。

【練習問題 4-8】　① 下図　② c　③ d　④ 40個

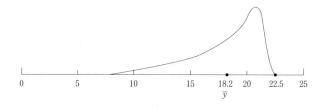

①
・歪度が負なので，（値が大きい側である）右に偏った，左のすそ野が長い分布になります。
・歪度が負なので，一般に平均値は中央値よりも小さくなります（顕著な場合で言えば，他のほとんどのデータに比べて値が極端に小さな外れ値が存在しているケースであり，平均値はその外れ値に大きく影響されて，中央値よりも小さくなります）。
・中央値は全データを大きさの順に並べたときにちょうど真ん中に位置している値ですか

ら，それよりも大きいデータの数と小さいデータの数は等しくなります。したがって，中央値よりも大きい側の面積と小さい側の面積が等しくなるようにしなければならず，その結果，（この場合，上記のように平均値は中央値よりも小さいので）平均値よりも小さい側の面積は50％よりも小さくなります。

③
- 最大値と平均値の差が4.3なので，平均値よりも大きい側では，個々の値の平均値からの偏差は0～4.3の範囲の値になります。そして，図1-4などからわかるように，データ数が非常に多い場合でない限り，標準偏差は，分布の端の値と平均値の差の半分（よりもやや小さい）くらいの値になります。ですから，平均値よりも大きい側だけに注目すると，標準偏差は2くらいだと推論されます。
- ①より，平均値よりも小さい側では，大きい側よりも，平均値からより離れた値がたくさんあるはずなので，平均値からの偏差の標準的な値は大きい側よりも大きくなると考えられます。
- 以上のことから，全体的には，標準偏差は2よりも大きくなる可能性が高いと推論されます。

＊②と④については，①についての説明を参照してください。

【練習問題4-9】　① 9.0　② 0.7　③ .24　④ −.24　⑤ −0.50　⑥ 0.12
- xをx'にする変換も，yをy'にする変換も，線形変換です。
① 平均値は，線形変換を行なうことにより，変換式通りに変化します。したがって，−1＋2×5.0で，9.0になります。
② 標準偏差は，線形変換を行なうことにより，変換前の変数の標準偏差の｜1次の係数｜倍（この場合，0.5倍）になります。
③ 相関係数の絶対値は，各変数にいかなる線形変換を行なっても変わりません。そして，xをx'にする変換は1次の係数が正の線形変換ですから，$r_{x'y}$はr_{xy}と符号も変わりません。
④ yをy'にする変換は1次の係数が負の線形変換ですから，$r_{x'y'}$はr_{xy}と符号が逆転します。
⑤ 歪度の絶対値は，いかなる線形変換を行なっても変わりません。そして，xをx'にする変換は1次の係数が正の線形変換ですから，符号も変わりません。
⑥ 尖度は，いかなる線形変換を行なっても，絶対値も符号も変わりません。

【練習問題4-10】　① 0.7　② 0　③ 1.5　④ .95
① データAにおけるyの値とデータBにおけるyの値の間には，$y_A = -\frac{1}{3} y_B$という線形関係があります。ですから，データAにおけるyの標準偏差は，データBにおけるyの標準偏差の$\frac{1}{3}$倍になります。
② 等間隔に離れた値が同じ数ずつある一様分布に類した分布を示しているデータなので，左右対称形であることになります。ですから，歪度は0です。
③ ①の解説に記したように，データAはデータBに線形変換を行なったものであること

になります。そして，尖度の値はいかなる線形変換を行なっても変わりません。ですから，データ A の尖度も 1.5 です。

④ x の値は，データ A とデータ B で同一です。そして，①の解説に記したように，データ A とデータ B の y の値の間には 1 次の係数が負の線形関係があります。ですから，一方の変数に関してのみ，1 次の係数が負の線形変換をしていることになります。そのため，相関係数は，絶対値は変化しませんが，符号は逆転します。

【練習問題 4-11】 賛否に関するデータの平均値と標準偏差：-0.54，0.72　相関係数：.47

- 賛否に関しては，変換前の値を x，変換後の値を x' とすると，$x+x'$ が常に 3 になるので，$x'=3-x$ という線形変換を行なったことになります。
- 支持に関しては，変換前の値を y，変換後の値を y' とすると，$y+y'$ が常に 4 になるので，$y'=4-y$ という線形変換を行なったことになります。
- 平均値は変換式通りに変化するので，$3-3.54$ で，-0.54 です。
- 標準偏差は，1 次の係数の絶対値が 1 なので，変化しません。
- どちらの変数に関しても 1 次の係数が負の線形変換を行なっているので，逆転の逆転で，相関係数は，絶対値も符号も変化しません。

【練習問題 4-12】　　u　2　3　4　5　6　7　8
　　　　　　　　　　　　v　8　16　14　12　4　10　6

- x と y の相関係数と u と v の相関係数は絶対値が等しいので，各変数にいかなる線形変換を行なっても相関係数の絶対値は変わらないことに基づいて，u と v は，x と y に線形変換を行なったものにします。また，相関係数の符号が正から負に変わるので，x に対する変換と y に対する変換は，一方が 1 次の係数が正で，他方が負であるものにします。
- x と y は，並んでいる順番が違うだけで，1〜7 が 1 つずつあることは変わらないので，標準偏差が等しくなります。そして，v の標準偏差が u の標準偏差の 2 倍ということなので，x に対して線形変換を行なった値を u，y に対して線形変換を行なった値を v とすると，x を u にする変換の 1 次の係数と y を v にする変換の 1 次の係数の絶対値の比を 1：2 にします（なるべく簡単に行なえるようにするために，具体的には，比だけでなく，1 次の係数の絶対値そのものも，1 と 2 にすることにします：変換後の変数の標準偏差の値は，1 次の係数の絶対値に比例して増減します）。
- 以上のことから，x を u に変換する際の 1 次の係数を 1 とし，y を v に変換する際の 1 次の係数を -2 にします。
- あとは，平均値が問題に記されている通りになるように加算定数を決めます。
- 具体的には，x の平均値が 4 で，u の平均値が 5 なので，x の値に 1 ずつ足したものを u の値にします。また，v の値に関しては，まず，y の値を 8 から引いて逆転させて（すなわち，1 を 7 に，2 を 6 に，というように，$8-y$ という線形変換を行ない），その値を 2 倍します。ここまでで，$\{6, 14, 12, 10, 2, 8, 4\}$ というデータになります。そして，これらの 7 個の値の平均値が 8 なので，平均値が 10 になるように，それぞれに 2 を足しま

す．したがって，それぞれ，$u = 1 + x$, $v = 2(8 - y) + 2 = 18 - 2y$ という線形変換を行なうことになります．

【練習問題 4-13】　　x　7　8　9　10　1
　　　　　　　　　　y　2　1　3　4　10

* 「以下のような考えに沿った相関図を作成し，その相関図からデータの値を読み取る」という方略で解答することを想定した解説をします．

・まず，外れ値だと判断される値を除くと（相関係数が .8 になるであろうような）かなり明確な右上がりの傾向が示されるように 4 つの値を布置します（相関係数が .8 程度になるように直観的に布置してもかまいませんが，上記の解答は，55～58 ページの「相関係数が特定の値になるデータの作成方法」の項に記したことに基づいて，ちょうど .8 になるようにしてあります）．また，外れ値だと判断される値を加えたときに x と y の歪度の絶対値が等しくなるようにすることを容易にするために，外れ値だと判断される値を除いたデータの散布度および分布の形が x と y で同一になるようにしておきます（上記の解答では，x も y も 1 ずつ異なる 4 つの値にしてあります）．

・次に，それを含めると全体としては（相関係数が −.8 になるであろうような）かなり明確な右下がりの傾向が示されるように外れ値だと判断される値を加えます．その際，x の歪度が負で，y の歪度が正なので，x は他の値よりも小さい方に外れた値にし，y は大きい方に外れた値にします．すなわち，最初に付置された 4 つの点から見て左上の位置に付置する，ということです．また，上記のように外れ値だと判断される値を除いたデータの分布の形が x と y で同一になるようにしてあるので，外れ値だと判断される値が他の 4 つの値から外れている程度を x と y で等しくします．

* 右の散布図からわかるように，最後の $(1, 10)$ というデータが外れ値だと判断される値です．また，上記のデータでは，外れ値を含めた相関係数は −.82 で，除外した相関係数は .80 になります．さらに，x の歪度は −1.70 で，y の歪度は 1.70 になります．

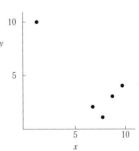

【練習問題 4-14】

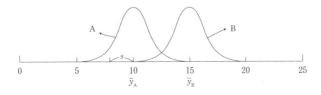

- まず，平均値と標準偏差が提示されているデータ A の分布を描き入れます．正規分布にほぼ従っているということなので，左右対称で，中央に峰が 1 つだけある，ベルのような形にします．また，平均値が 10 なので，10 のところが中央になるようにします．さらに，最大値および最小値と平均値の差が，標準偏差の 2 倍よりも少し大きい値になるようにします（具体的には，$10 \pm (2 \times 2 + \alpha)$ で，最小値を 5〜5.5，最大値を 14.5〜15 くらいにします．
- 次に，データ B の分布です．標準偏差はデータ A と等しいということなので 2 であり，2 つの条件の標準偏差の平均値も 2 であることになります．そして，標準化平均値差が 2.5 なので，2 つの条件の平均値の差が，平均的な標準偏差の 2.5 倍の 5 であることになり，データ B の方が値が全般に大きいということなので，データ B の平均値は，$10 + 5$ で，15 になります．後は，データ A の場合と同様にして，データ B の分布を描き入れます．

【練習問題 4-15】 9, 8, 8, 8, 7, 7, 7, 2
- 問題に提示されているデータの平均値は 3 です．また，標準偏差は 2 であることが提示されています．したがって，作成するデータの標準偏差も 2 で，平均値が $3 + 2 \times 2 = 7$ であれば，標準化平均値差が $(7 - 3) \div 2 = 2$ になります．
- ヒストグラムなどを描いてみればわかるように，問題に提示されているデータの歪度は正です．そして，上記のように標準偏差が 2 ですから，提示されているデータに 1 次の係数が -1 の線形変換を行なえば，歪度の符号が逆転するとともに，1 次の係数の絶対値が 1 なので，標準偏差は 2 のままであることになります．
- 問題に提示されているデータに $y' = -y$ という線形変換を行なったデータは，$\{-1, -2, -2, -2, -3, -3, -3, -8\}$ で，平均値は -3 です．ですから，すべての値に 10 を足す線形変換をさらに行なえば，平均値が 7 になります（一方，定数を足しているだけなので，標準偏差と歪度は $y' = -y$ という線形変換を行なったデータのままです）．
- 以上のことから，結局，問題に提示されているデータに $y' = 10 - y$ という線形変換を行なったデータが問題に提示されている条件を満たすものであることになります．

【練習問題 4-16】 ① 15.9%　② 標準得点：-0.5，偏差値：45　③ 1.5　④ 60人　⑤ 変換前も変換後も 1.5

①
- 線形変換を行なった場合，平均値は，変換前と変換後で，変換式通りに変化します．したがって，$35 \times 2 + 10 = 80$ となります．
- 標準偏差の変化は 1 次の係数のみに規定され，変換後の標準偏差は，「変換前の標準偏差 $\times$ |1 次の係数|」となります．したがって，$10 \times 2 = 20$ となります．
- よって，変換後の得点が 60 である人の標準得点（z）は，$(60 - 80) \div 20 = -1.0$ となり，別表 1 より，$z > 1$ の確率（および，$z < -1$ の確率）は，.159 です．

② 標準得点（z）は，$(30 - 35) \div 10 = -0.5$，偏差値（Z）は，$10 \times (-0.5) + 50 = 45$ です．

③ いかなる線形変換を行なっても，各測定値のデータ全体の中での相対的位置を表わす指標である標準得点や偏差値は変わりません（ただし，1次の係数が負である場合には，平均値よりも大きい側であるか小さい側であるかが逆になり，それに応じた変化はあります：具体的には，標準得点に関しては，絶対値は変わりませんが，符号が逆になります）。

④ 29という男子の平均値と41という女子の平均値を足して2で割った非加重平均値と，加重平均値である男女を合わせた全体の平均値（35）が一致しています。すなわち，この場合，データ数による重みづけをしてもしなくても，結果が同じになっていることになります。ですから，男子の人数と女子の人数は等しいと推論されます。

⑤ 男子も女子も標準偏差は8なので，それらの加重平均値も8になります。ですから，$d = (41-29) \div 8 = 1.5$ です。また，標準化平均値差の値は，いかなる線形変換を行なっても変わりません（この場合で言えば，平均値の条件間差が2倍になる分，各条件の標準偏差も2倍になるので，不変です）。

【練習問題4-17】 $F > E > A = D > B > C$ 　標準化平均値差の値が最大になるのはFで，∞になる。

- データ数が同じであれば，標準化平均値差が大きいほど，2つの条件の分布が重なっておらず，通常，差が明確であると強く主張できることになります。
- 標準化平均値差の値が等しい場合，それが多くのデータに基づく結果である方が，「一般に～である（すなわち，データが示しているものと同様の傾向が一般的にも存在するであろう）」という主張の信頼性は高まる（言い換えれば，結果の偶然性が低い）と考えられます。ですから，データ数が多いほど，強く主張できることになります。
- 条件ごとにデータを数直線上にプロットしたりすればすぐにわかるように，データC以外は，条件1の標準偏差と条件2の標準偏差が等しくなります。
- データAの各条件の標準偏差をs_Aとすると，データBとデータDは，いずれの条件においても各値の間の間隔がデータAの2倍になっているので，各条件の標準偏差は$2s_A$になります。
- データFは，条件内では値が変動していないので，両条件とも標準偏差は0です。
- データEは，データAを2セット合わせたデータと言えるものです。ですから，データ数が異なるだけで，各条件の平均値と標準偏差は，データAと同じになります。
- 以上のことを踏まえて，各データにおける，平均値の差，平均的な標準偏差，標準化平均値差，各条件のデータ数をまとめると，以下の表のようになります。そして，1番目と2番目に記したことに基づいて判断をします。
- *平均的な標準偏差と標準化平均値差に関しては，データAの値を基準にした値を記してあります（d_Aは，データAの標準化平均値差です）。

	A	B	C	D	E	F
平均値の差	2	2	0	4	2	1
標準偏差	s_A	$2s_A$	$1.5s_A$ くらい	$2s_A$	s_A	0
標準化平均値差	d_A	$0.5d_A$	0	d_A	d_A	∞
データ数	4	4	4	4	8	4

【練習問題4-18】 データA＜データB
- 平均値は，どちらのデータも，条件1が2で，条件2が4です。ですから，平均値の差は同じです。
- どちらのデータも，条件2の方が標準偏差が大きいことは，一瞥するだけでわかると思います。
- データAでは，標準偏差が相対的に大きい条件2の方が，条件1よりも，データ数が多くなっています。それに対して，データBでは，逆になっています。ですから，データ数によって重みづけた平均的な標準偏差は，データAの方が大きくなります。
- 平均値の差は同じで，平均的な標準偏差はデータAの方が大きいので，標準化平均値差はデータAの方が小さくなります。

【練習問題4-19】 歪度：正　歪度を0にするための変換：$y' = \sqrt{(y-1)}$
- 左（値が小さい側）よりも右（値が大きい側）の方がすそ野が長い分布になっているので，歪度は正だと考えられます（実際に計算すると，0.79になります）。
- どの値も，自然数（具体的には，1, 2, 3, 4）の2乗に1を足した値です。また，2→5→10→17というように，値が小さい方から順に各々の度数を記すと，1, 2, 2, 1というように，左右対称になっています。ですから，1を引いた後で平方根を求めれば，{1, 2, 2, 3, 3, 4}というように，左右対称形の分布になるはずです。

【練習問題4-20】 2, 8, 8, 8, 8, 32
- まず，変換後の変数であるy'の値について考えます。
- y'は，平均値が3で，歪度が0なので，3が中心の左右対称形になっている分布にします。また，尖度が正なので，中心の度数が多い，尖っている分布にします。すなわち，平均値と同じ3という値が多くあり，残りは3よりも同程度に大きい値と小さい値が同数ずつある，というようにすればいい，ということです。
- 具体的には，データ数が6しかないので，そのうちの4個を3にし，残りの2個を$3+a$，$3-a$とします。そして，標準偏差が1よりも大きく，2よりも小さくなるように，3以外の2個の値の平均値からの偏差の2乗和である$2a^2$がデータ数である6よりも少し大きな値になるようにします（このようにすれば，各測定値の平均値からの偏差の2乗の平均値である分散が1よりも少し大きな値になり，その平方根である標準偏差も1よりも少し大きな値になります）。
- 以上の考えに基づいたy'の値は，{1, 3, 3, 3, 3, 5}です。そして，底が2である対数変換を行なった値がこれらになるのですから，問題に提示されている条件を満たす変数yの

データは，$\{2^1, 2^3, 2^3, 2^3, 2^3, 2^5\}$ であることになります。

【練習問題 4-21】 ① 以下の表のようになります。 ② エ ③ エ ④ ク ⑤ 絶対値が等しく，符号が逆になる。 ⑥ $\log_2(33-y)$

		y	$\sqrt{y}$	$\log_2 y$
(a)	1, 4, 4, 9, 9, 9, 16, 16, 25	(ア 正：0.83)	(イ 0)	(ウ 負：-1.06)
(b)	2, 4, 4, 8, 8, 8, 16, 16, 32	(エ 正：1.63)	(オ 正：0.88)	(カ 0)
(c)	1, 2, 2, 3, 3, 3, 4, 4, 5	(キ 0)	(ク 負：-0.51)	(ケ 負：-1.06)
(d)	1, 17, 17, 25, 25, 25, 29, 29, 31	(コ 負：-1.63)	(サ 負：-2.30)	(シ 負：-2.78)

①
- (a)のデータと(b)のデータが，左に偏った，右のすそ野が長い分布をしており，歪度が正であることは，一瞥してわかると思います。〔ア，エ〕
- (a)のデータは，1, 2, 3, 4, 5 を 2 乗した値になっています。ですから，ルート変換を行なえば，各値は，1, 2, 3, 4, 5 になります。そして，この場合，それらは 3 を中心にした左右対称形の分布になります。したがって，(a)のデータは，ルート変換を行なうと歪度が 0 になります。〔イ〕
- 対数変換の方がルート変換よりも，歪度がより顕著な場合に適用される（歪度が正であるものを逆の方向に変化させる働きが強い）変換です。ですから，ルート変換を行なうと歪度がちょうど 0 になるデータに対数変換を行なうと，上記の働きが過剰になり，歪度が逆に負になってしまいます。〔ウ〕
- (b)のデータは，2 を 1 乗，2 乗，3 乗，4 乗，5 乗した値になっています。ですから，対数変換を行なえば，各値は，1, 2, 3, 4, 5 になります。そして，この場合，それらは 3 を中心にした左右対称形の分布になります。したがって，(b)のデータは，対数変換を行なうと歪度が 0 になります。〔カ〕
- ウの場合とは逆に，(b)のデータに対してルート変換を行なった場合，歪度が正であるものを逆の方向に変化させる働きが不十分であるため，変換前よりは歪度は小さくなりますが，0 にまではならず，符号は正のままです。〔オ〕
- (c)のデータの分布が左右対称形であり，歪度が 0 であることは，一瞥してわかると思います。〔キ〕
- 歪度が 0 であるデータに対して歪度が正であるものを逆の方向に変化させる働きを有する変換を行なったら，歪度は負になります。〔クとケ〕
- (d) は（配列順を逆にすると），b に対して，$y_d = 33 - y_b$ という，1 次の係数が負の線形変換を行なったものであることになります。ですから，(d) の歪度は，(b) の歪度と，絶対値は同じで，符号が逆になります。〔コ〕
- もともと歪度が負であるデータに対して歪度が正であるものを逆の方向に変化させる働きを有する変換を行なったら，歪度はより顕著に負になります。〔サ，シ〕

② 先に記したように，(a)のデータは，1～5 の自然数を 2 乗した値になっています。ま

た，(b)のデータは，2を1〜5の自然数乗した値になっています。そして，たとえば，(a)において2番目に大きな値である16と1番大きな値である25の差と，(b)において2番目に大きな値である16と1番大きな値である32の差を比較すればわかるように，(b)の方が右のすそ野が長い分布である傾向が顕著です。

③ オに関して①に記したように，不十分ではありますが，歪度が正であるものを逆の方向に変化させる働きがある変換をしているので，変換しない場合であるエよりも，ルート変換をしたものであるオの方が歪度は小さくなります。

④ 歪度が正であるものを逆の方向に変化させる働きをより強く有する変換である対数変換を行なったケの方が歪度は小さくなります。

⑤ ①のコについての説明を参照してください。

⑥ ①に記したように，(d) は (b) に対して，$y_d = 33 - y_b$ という変換を行なったものであるとともに，(b) は対数変換を行なうと歪度が 0 になるデータですから，(d) の歪度を 0 にするためには $\log_2(33-y)$ という変換を行なえばよいことになります（ただし，異なる底の対数の値の間には比例関係があるので，底は 2 でなくてもかまいません）。

＊なお，(a) の値は，(c) の値を 2 乗した値です。そして，$\log y^2 = 2 \log y$ です（高校の数学の教科書などを参照してください）。ですから，(a) に対数変換を行なったデータは，c に対数変換を行なったデータを 2 倍したものであることになります。そして，1 次の係数が正である線形変換を行なっても歪度の値は（符号も含めて）不変ですから，ウとケの歪度の値は等しくなります。

引用文献

南風原朝和　2002　心理統計学の基礎―統合的理解のために―　有斐閣

南風原朝和　2014　続・心理統計学の基礎―統合的理解を広げ深める―　有斐閣

林　岳彦・黒木　学　2016　相関と因果と丸と矢印のはなし―はじめてのバックドア基準―　岩波データサイエンス刊行委員会(編)　岩波データサイエンス Vol.3　Pp.28-48.

菊原大地　2005　人間関係の親密さに関する概念についての素朴理論―親友・友人・知り合いという概念の曖昧さに注目して―　兵庫教育大学学校教育学部平成16年度卒業論文(未公刊)

松原　望　2000　必要とされるときの統計学―理論の「わかりやすさ」―　佐伯　胖・松原　望(編)　実践としての統計学　東京大学出版会　Pp.13-66.

村本由紀子　2006　心と社会を研究する方法　吉田寿夫(編)　心理学研究法の新しいかたち　誠信書房　Pp.221-243.

長田雅喜　1977　親和性と好意性　水原泰介(編)　講座社会心理学1　個人の社会行動　東京大学出版会　Pp.91-129.

大内善広・上田卓司・椎名乾平・岡田いずみ　2012　カテゴリー数の異なる順序カテゴリー尺度同士の相関係数の性質　早稲田大学教育・総合科学学術院学術研究(人文科学・社会科学編), 60, 93-103.

冨高辰一郎　2010　なぜうつ病の人が増えたのか　幻冬舎

豊嶌啓司　1991　授業中の生徒の私語に関する研究　兵庫教育大学大学院学校教育研究科平成2年度修士論文(未公刊)

矢野公子　2006　子ども同士の人間関係の望ましさについての教師の考えに関する研究―多様性，非合理性，無自覚性に焦点をあてて―　兵庫教育大学大学院学校教育研究科平成17年度修士論文(未公刊)

吉田寿夫　2003　実験的研究と相関的研究　日本教育心理学会(編)　教育心理学ハンドブック　Pp.143-151.

■別表 1 (1)　正規分布における片側確率■

z_0	$P_{(z \geq z_0)}$	z_0	$P_{(z \geq z_0)}$	z_0	$P_{(z \geq z_0)}$	z_0	$P_{(z \geq z_0)}$
0.00	.500	0.40	.345	0.80	.212	1.20	.115
0.01	.496	0.41	.341	0.81	.209	1.21	.113
0.02	.492	0.42	.337	0.82	.206	1.22	.111
0.03	.488	0.43	.334	0.83	.203	1.23	.109
0.04	.484	0.44	.330	0.84	.200	1.24	.107
0.05	.480	0.45	.326	0.85	.198	1.25	.106
0.06	.476	0.46	.323	0.86	.195	1.26	.104
0.07	.472	0.47	.319	0.87	.192	1.27	.102
0.08	.468	0.48	.316	0.88	.189	1.28	.100
0.09	.464	0.49	.312	0.89	.187	1.29	.099
0.10	.460	0.50	.309	0.90	.184	1.30	.097
0.11	.456	0.51	.305	0.91	.181	1.31	.095
0.12	.452	0.52	.302	0.92	.179	1.32	.093
0.13	.448	0.53	.298	0.93	.176	1.33	.092
0.14	.444	0.54	.295	0.94	.174	1.34	.090
0.15	.440	0.55	.291	0.95	.171	1.35	.089
0.16	.436	0.56	.288	0.96	.169	1.36	.087
0.17	.433	0.57	.284	0.97	.166	1.37	.085
0.18	.429	0.58	.281	0.98	.164	1.38	.084
0.19	.425	0.59	.278	0.99	.161	1.39	.082
0.20	.421	0.60	.274	1.00	.159	1.40	.081
0.21	.417	0.61	.271	1.01	.156	1.41	.079
0.22	.413	0.62	.268	1.02	.154	1.42	.078
0.23	.409	0.63	.264	1.03	.152	1.43	.076
0.24	.405	0.64	.261	1.04	.149	1.44	.075
0.25	.401	0.65	.258	1.05	.147	1.45	.074
0.26	.397	0.66	.255	1.06	.145	1.46	.072
0.27	.394	0.67	.251	1.07	.142	1.47	.071
0.28	.390	0.68	.248	1.08	.140	1.48	.069
0.29	.386	0.69	.245	1.09	.138	1.49	.068
0.30	.382	0.70	.242	1.10	.136	1.50	.067
0.31	.378	0.71	.239	1.11	.133	1.51	.066
0.32	.374	0.72	.236	1.12	.131	1.52	.064
0.33	.371	0.73	.233	1.13	.129	1.53	.063
0.34	.367	0.74	.230	1.14	.127	1.54	.062
0.35	.363	0.75	.227	1.15	.125	1.55	.061
0.36	.359	0.76	.224	1.16	.123	1.56	.059
0.37	.356	0.77	.221	1.17	.121	1.57	.058
0.38	.352	0.78	.218	1.18	.119	1.58	.057
0.39	.348	0.79	.215	1.19	.117	1.59	.056

この表の数値は『テクニカルブック』の297, 298ページから部分的に転載したもので，正規分布において標準得点 z の値が z_0 以上である片側確率を示しています。

■別表1(2)　正規分布における片側確率■

z_0	$P_{(z \geq z_0)}$	z_0	$P_{(z \geq z_0)}$	z_0	$P_{(z \geq z_0)}$	z_0	$P_{(z \geq z_0)}$
1.60	.055	2.00	.023	2.40	.008	2.70	.003
1.61	.054	2.01	.022	2.41	.008	2.71	.003
1.62	.053	2.02	.022	2.42	.008	2.72	.003
1.63	.052	2.03	.021	2.43	.008	2.73	.003
1.64	.051	2.04	.021	2.44	.007	2.74	.003
1.65	.049	2.05	.020	2.45	.007	2.75	.003
1.66	.048	2.06	.020	2.46	.007	2.76	.003
1.67	.047	2.07	.019	2.47	.007	2.77	.003
1.68	.046	2.08	.019	2.48	.007	2.78	.003
1.69	.046	2.09	.018	2.49	.006	2.79	.003
1.70	.045	2.10	.018	2.50	.006	2.80	.003
1.71	.044	2.11	.017	2.51	.006	2.81	.002
1.72	.043	2.12	.017	2.52	.006	2.82	.002
1.73	.042	2.13	.017	2.53	.006	2.83	.002
1.74	.041	2.14	.016	2.54	.006	2.84	.002
1.75	.040	2.15	.016	2.55	.005	2.85	.002
1.76	.039	2.16	.015	2.56	.005	2.86	.002
1.77	.038	2.17	.015	2.57	.005	2.87	.002
1.78	.038	2.18	.015	2.58	.005	2.88	.002
1.79	.037	2.19	.014	2.59	.005	2.89	.002
1.80	.036	2.20	.014	2.60	.005	2.90	.002
1.81	.035	2.21	.014	2.61	.005	2.91	.002
1.82	.034	2.22	.013	2.62	.004	2.92	.002
1.83	.034	2.23	.013	2.63	.004	2.93	.002
1.84	.033	2.24	.013	2.64	.004	2.94	.002
1.85	.032	2.25	.012	2.65	.004	2.95	.002
1.86	.031	2.26	.012	2.66	.004	2.96	.002
1.87	.031	2.27	.012	2.67	.004	2.97	.001
1.88	.030	2.28	.011	2.68	.004	2.98	.001
1.89	.029	2.29	.011	2.69	.004	2.99	.001
1.90	.029	2.30	.011			3.00	.001
1.91	.028	2.31	.010				
1.92	.027	2.32	.010				
1.93	.027	2.33	.010				
1.94	.026	2.34	.010				
1.95	.026	2.35	.009				
1.96	.025	2.36	.009				
1.97	.024	2.37	.009				
1.98	.024	2.38	.009				
1.99	.023	2.39	.008				

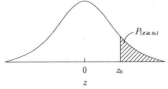

索 引

この索引では，本巻（『補足本Ⅰ』）で出現する事項のみならず，『ごく初歩本』および，このシリーズの他の巻に出現している事項も含めて掲載しています。
本巻に出現する事項についてはページ数のみを太字で表示し，このシリーズの他の巻に出現する事項についてはページ数のすぐ後ろの［　］内に該当巻の略称を小字で表示しています。略称の表示は以下の通りです。

『ごく初歩本』　：G　　　　　　　　　　　『補足本Ⅱ』　：HⅡ
『ちょっと本Ⅰ』：CⅠ　『ちょっと本Ⅱ』：CⅡ　『ちょっと本Ⅲ』：CⅢ

ア

ANOVA　　　202[G], 1[CⅡ]
α 係数　　118[CⅠ], 126[CⅠ], 34[CⅡ]
ANCOVA　　79[CⅡ]

イ

イエス・テンデンシー　　87[CⅠ]
1標本 t 検定　　81[HⅡ]
一定化　　16[HⅡ], 2[CⅡ]
一般化可能性　　245[G], 19[HⅡ], 236[HⅡ], 238[HⅡ], 58[CⅠ], 37[CⅡ]
井の中の蛙効果　　93[CⅠ]
因果関係　　86[G], 99[G], 118[G], 171[G], 264[G], **40**, 10[HⅡ], 30[CⅢ], 50[CⅢ], 53[CⅢ], 55[CⅢ], 112[CⅢ], 117[CⅢ]
因子分析　　127[CⅠ]

ウ

ウェルチの方法　　108[HⅡ]

エ

SEM　　43[HⅡ]
F 値　　8[CⅡ], 19[CⅡ]

カ

回帰係数　　78[G], 6[CⅠ], 26[CⅠ]
回帰効果　　41[CⅠ], 129[CⅡ]
回帰直線　　78[G], 5[CⅠ]
回帰分析　　5[CⅠ], 61[CⅢ]
χ^2 検定　　209[G], 126[HⅡ], 176[HⅡ]
階層線形モデル　　287[HⅡ]
外的妥当性　　19[HⅡ], 58[CⅠ]
介入研究　　122[CⅡ]
カウンター・バランス　　64[CⅡ]
攪乱要因　　124[CⅡ]
確率化　　16[HⅡ], 2[CⅡ]
確率誤差　　71[CⅠ]
加重平均値　　**119**, 105[HⅡ]
仮説の例証　　246[G], 236[HⅡ]
関係がある　　**29**
間接効果　　42[CⅢ], 51[CⅢ], 53[CⅢ]
完全無作為化法　　16[HⅡ]

キ

危険率　　10[HⅡ]
擬似相関　　88[G], 119[G], 264[G], **42**, 88[CⅠ], 30[CⅢ], 49[CⅢ]
擬似無相関　　**46**, 88[CⅠ], 34[CⅢ], 49[CⅢ]

178 索引

基準変数　5[CⅠ], 61[CⅢ]
気分（ムード）一致効果　92[CⅠ]
帰無仮説　156[G], 4[HⅡ]
逆数変換　144[G], **122**
逆正弦変換　95[HⅡ]
共通の反応バイアスの介在　89[CⅠ]
共分散　**35**, 2[CⅠ]
共分散分析　79[CⅡ], 144[CⅡ], 120[CⅢ]
共変数　80[CⅡ]
共変動　**35**, 2[CⅠ]
共変量　80[CⅡ]

ク

偶然誤差　71[CⅠ]
区間推定　79[HⅡ]
クロス構造　56[CⅡ], 166[CⅢ]
クロス集計　103[G], **58**
クロス表　103[G], **58**
Cronbachのα係数　118[CⅠ]

ケ

系統誤差　79[CⅠ], 91[CⅠ]
決定係数　80[G], 21[CⅠ]
検定統計量　157[G], 186[G], 4[HⅡ]
検定力　237[G], 243[G], 10[HⅡ], 128[HⅡ], 153[HⅡ]
検定力の規定因　160[HⅡ]

コ

効果の大きさ　137[G], **116**
効果量　137[G], **116**, 201[HⅡ], 7[CⅠ]
効果量の信頼区間　229[HⅡ]
交互作用（効果）　213[G], 263[G], 20[HⅡ], 130[HⅡ], 132[HⅡ], 173[HⅡ], 35[CⅡ], 50[CⅡ], 58[CⅡ], 90[CⅡ], 65[CⅢ], 104[CⅢ], 118[CⅢ]
交互作用効果の項を組み入れた重回帰分析　104[CⅢ]
恒常化　16[HⅡ], 2[CⅡ], 37[CⅡ], 95[CⅡ]
構成概念　60[CⅠ]
交絡　172[G], 249[G], 265[G], 266[G], 11[HⅡ], 132[HⅡ], 4[CⅡ], 32[CⅡ], 65[CⅡ], 81[CⅡ]

誤差分散　43[HⅡ], 20[CⅠ]
個人間変動に基づく検討　136[CⅢ]
個人間変動に基づく相関的研究　136[CⅢ]
個人内の共変関係　137[CⅢ]
個人内変動に基づく検討　137[CⅢ]
個人内変動に基づく相関的研究　137[CⅢ]
古典的テスト理論　71[CⅠ]

サ

再検査法　114[CⅠ]
最小2乗法　78[G], 9[CⅠ], 67[CⅢ]
「差の値の標準偏差」を分母とした標準化平均値差　207[HⅡ], 219[HⅡ]
参加者間要因（被験者間要因）　171[G], 175[G], 17[HⅡ]
参加者内要因（被験者内要因）　171[G], 175[G], 18[HⅡ]
残差　8[CⅠ], 29[CⅡ]
残差得点　108[CⅠ]
残差分析　176[HⅡ]
散布図　66[G], **31**
散布度　47[G], **8**

シ

自己報告型の質問紙尺度　91[CⅠ]
自然変動　124[CⅡ]
実験群　121[CⅡ]
実験者期待効果　126[CⅡ]
実験条件　121[CⅡ]
実験的研究　170[G], 11[HⅡ]
実験的統制　80[CⅡ]
実施順序の効果　65[CⅡ], 69[CⅡ]
質的研究　67[CⅠ]
質問紙尺度　59[CⅠ]
社会的に望ましい回答をする傾向　94[CⅠ]
尺度　8[G], 58[CⅠ]
尺度の不定性　182[HⅡ]
jangle fallacy　70[CⅠ]
重回帰分析　5[CⅠ], 61[CⅢ]
重決定係数　77[CⅢ]
重相関係数　75[CⅢ]
収束的証拠　110[CⅠ]

従属変数　　　168[G], 12[HⅡ]
自由度　　　186[G], 85[HⅡ], 8[CⅡ]
自由度調整済み決定係数　　78[CⅢ]
集団における相関関係　　136[CⅢ]
主効果　　　213[G], 48[CⅡ]
出版バイアス　　163[HⅡ]
条件間変動　　13[CⅡ], 54[CⅡ]
条件内変動　　13[CⅡ]
剰余変数　　169[G], 11[HⅡ], 1[CⅡ]
剰余変数の統制　　1[CⅡ], 80[CⅡ]
除去可能な交互作用効果　　183[HⅡ]
素人理論　　105[CⅠ]
jingle fallacy　　70[CⅠ]
真値　　71[CⅠ]
シンプソンのパラドックス　　22[HⅡ]
信頼区間　　80[HⅡ], 229[HⅡ], 119[CⅢ]
信頼区間の下限と上限　　90[HⅡ]
信頼区間の幅　　91[HⅡ]
信頼係数　　80[HⅡ]
信頼水準　　80[HⅡ]
信頼性　　17[G], 113[CⅠ], 126[CⅠ]
信頼性係数　　72[CⅠ]
心理的構成概念　　12[HⅡ], 60[CⅠ]
心理量　　14[G], **4**

ス

推定　　151[G], 79[HⅡ]
推量思考　　150[HⅡ]
数値要約　　4[G], 41[G], 71[G], **2**, 54[CⅢ]
スピアマンの順位相関係数　　91[G], **55**, **68**, **153**

セ

正規分布　　56[G], **11**, **123**, 34[HⅡ], 45[HⅡ]
正規分布の加法性　　37[HⅡ]
正規分布の再生性　　37[HⅡ]
生態学的誤謬　　163[CⅢ]
生態学的妥当性　　240[HⅡ], 58[CⅠ]
正の相関　　68[G], **37**
切断効果　　84[G], **37**, 28[CⅠ]
z 得点　　129[G], **101**
折半法　　116[CⅠ]

説明変数　　169[G], 5[CⅠ], 61[CⅢ]
セルフ・モニタリング　　100[CⅠ]
線形回帰分析　　5[CⅠ]
線形加算結合　　62[CⅢ], 65[CⅢ]
線形単回帰分析　　5[CⅠ]
線形変換　　125[G], **100**, 3[CⅠ]
尖度　　55[G], **18**, **110**
選抜効果　　84[G], **37**
全変動　　12[CⅡ], 53[CⅡ]

ソ

相関係数　　72[G], **35**, **82**, 221[HⅡ], 2[CⅠ], 26[CⅠ], 23[CⅡ]
相関係数についての標準誤差　　67[HⅡ]
相関係数（について）の有意性検定　　223[G], 134[HⅡ], 153[HⅡ], 167[HⅡ]
相関係数の差についての検定　　170[HⅡ]
相関係数の信頼区間　　97[HⅡ]
相関係数の2乗　　12[CⅠ]
相関係数の標本分布　　61[HⅡ]
相関図　　66[G], **31**
相関的アプローチ　　170[G], 135[CⅢ]
相関的研究　　170[G], 11[HⅡ], 135[CⅢ]
相関の希薄化　　228[HⅡ], 82[CⅠ], 118[CⅢ]
相関比　　21[CⅡ], 36[CⅡ], 61[CⅡ], 87[CⅢ]
操作確認　　224[HⅡ]
操作チェック　　224[HⅡ]
双方向的因果関係　　**41**
測定値の独立性　　287[HⅡ], 288[HⅡ], 289[HⅡ]
測定の信頼性　　70[CⅠ]
測定の妥当性　　**54**, 57[CⅠ]
素点　　129[G], **102**

タ

帯域幅と忠実度のジレンマ　　126[CⅠ]
第1種の誤り　　10[HⅡ], 119[HⅡ]
第1種の誤りを犯す確率に関する概念的単位　　122[HⅡ]
第1種の誤りを犯す確率の統制　　124[HⅡ]
対応がある　　17[HⅡ]
対応が（の）ある1要因の分散分析　　26[CⅡ]

180　索　引

対応が（の）ある場合の t 検定　192[G], 109[HⅡ], 206[HⅡ]
対応が（の）ない1要因の分散分析　202[G], 6[CⅡ]
対応が（の）ない場合の t 検定　185[G], 103[HⅡ], 157[HⅡ], 202[HⅡ]
第3の変数　**42**
対照群　121[CⅡ]
対照実験　121[CⅡ]
第2種の誤り　10[HⅡ]
代表値　42[G], **8**
対立仮説　156[G], 4[HⅡ], 9[HⅡ]
多重共線性　113[CⅢ]
多重比較（検定）　205[G], 117[HⅡ]
妥当性検討　125[CⅠ]
ダミー変数　**60**, 52[HⅡ], 121[CⅢ]
単回帰分析　5[CⅠ], 61[CⅢ]
単極性尺度　92[CⅠ]
単純効果（についての検定）　216[G], 175[HⅡ]
単純相関係数　6[CⅢ]
単相関係数　6[CⅢ]

チ

中央値　43[G], **1**, **6**
仲介変数　23[HⅡ]
中心化　**79**, 109[CⅢ]
中心化されたデータ　**79**
中心極限定理　45[HⅡ]
調整平均　98[CⅡ]
調整変数　23[HⅡ]
調節変数　23[HⅡ]
直接効果　42[CⅢ], 51[CⅢ]
直交分解　20[CⅠ]

テ

t 分布　85[HⅡ]
データの概念的単位　289[HⅡ]
データの集合による相関関係の変化　159[CⅢ]
データの独立性　248[G], 250[G], 287[HⅡ]
データの変換　125[G], **99**

テスト・ワイズネス　77[CⅠ]
点推定　79[HⅡ]

ト

統計的検定　5[G], 151[G], 3[HⅡ]
統計的検定の問題点　147[HⅡ]
統計的推定　151[G], 79[HⅡ]
統計的統制　80[CⅡ]
統計量　157[G], **3**, 4[HⅡ]
同順率　242[G], 221[HⅡ]
統制群　121[CⅡ], 133[CⅡ]
統制群法（実験）　121[CⅡ]
統制条件　121[CⅡ]
統制変数　80[CⅡ], 5[CⅢ]
独立変数　168[G], 11[HⅡ]
独立変数化　40[CⅡ]
ともに対応が（の）ない2要因の分散分析　213[G], 47[CⅡ]
トレランス　115[CⅢ]

ナ

内省可能性　98[CⅠ]
内的一貫性　123[CⅠ]
内的整合性　123[CⅠ]
内的妥当性　19[HⅡ], 58[CⅠ]
内容（的）妥当性　69[CⅠ], 125[CⅠ]

ニ

2項分布　55[HⅡ]
2分法的思考　150[HⅡ], 116[CⅢ]

ネ

ネスト構造　56[CⅡ], 166[CⅢ]

ハ

媒介変数　23[HⅡ], 41[CⅢ], 45[CⅢ], 49[CⅢ]
パス図　30[CⅢ]
外れ値　45[G], 82[G], **2**
パッケージの効果　164[CⅡ]
場面想定法　104[CⅠ]
パラメタ　6[HⅡ]
バランス化　3[CⅡ]

ヒ

半偏相関係数　13[CⅢ]

ピアソンの相関係数　72[G], 35
p 値　4[HⅡ]
非加重平均値　120
非交差の交互作用効果　183[HⅡ]
非線形変換　125[G], 142[G], **122**
非標準化効果量　203[HⅡ], 26[CⅠ]
非標準化平均値差　203[HⅡ], 226[HⅡ]
標準化　130[G], **101**
標準化効果量　203[HⅡ], 26[CⅠ]
標準化平均値差　**116**, 203[HⅡ], 226[HⅡ]
標準誤差　43[HⅡ]
標準得点　129[G], **101**, 4[CⅠ]
標準偏回帰係数　73[CⅢ]
標準偏差　48[G], 57[G], **10**, **78**, 1[CⅠ]
標本　147[G], 1[HⅡ]
標本の大きさ　1[HⅡ]
標本の数　1[HⅡ]
標本分布　33[HⅡ]
標本平均の分布　38[HⅡ]
比率についての標準誤差　56[HⅡ]
比率の信頼区間　93[HⅡ]
比率の標本分布　51[HⅡ]

フ

ϕ 係数　110[G], **58**
フィッシャーの Z 変換　97[HⅡ]
不完全乱塊法　18[HⅡ]
「2つの条件の標準偏差の平均的な値」を分母とした標準化平均値差　207[HⅡ], 213[HⅡ]
負の相関　69[G], **37**
部分決定係数　81[CⅢ]
部分相関係数　13[CⅢ], 81[CⅢ], 87[CⅢ], 124[CⅢ]
不偏推定値　48[HⅡ]
不偏推定量　48[HⅡ]
プリテスト　121[CⅡ]
プリポスト・デザイン　121[CⅡ]
ブロック化　173[G], 175[G], 16[HⅡ], 2[CⅡ], 27[CⅡ], 38[CⅡ], 111[CⅡ]
ブロック間変動　28[CⅡ]
分散　48[G], **16**, 1[CⅠ]
分散拡大係数　115[CⅢ]
分散説明率　80[G], 21[CⅠ], 21[CⅡ], 77[CⅢ]
分散の標本分布　46[HⅡ]
分散分析　202[G], 1[CⅡ]

ヘ

平均以上効果　97[CⅠ]
平均値　42[G], **1**, **5**
平均値差　71[HⅡ]
平均値差の標本分布　71[HⅡ]
平均値についての標準誤差　43[HⅡ]
平均値の信頼区間　89[HⅡ]
平均値の標本分布　38[HⅡ]
平均平方　204[G], 8[CⅡ]
平行検査法　115[CⅠ]
平方和　204[G], **16**, 1[CⅠ], 7[CⅡ]
ベクトル　**71**
ベクトルの長さ　**74**
ベクトルの成す角　**74**
偏イータ2乗　36[CⅡ]
偏回帰係数　68[CⅢ]
偏決定係数　81[CⅢ]
偏差　49[G], **2**
偏差平方和　**16**, 1[CⅠ], 7[CⅡ]
変数の合成　**87**
変数の変換　125[G], **99**
偏相関係数　5[CⅢ], 64[CⅢ], 81[CⅢ], 87[CⅢ], 142[CⅢ]
変動　48[G], **16**, 1[CⅠ], 7[CⅡ]
弁別的証拠　110[CⅠ]

ホ

ホーソン効果　126[CⅡ], 133[CⅡ]
母集団　147[G], 3[HⅡ]
母数　151[G], 6[HⅡ]
ポストオンリー・デザイン　122[CⅡ]
ポストテスト　121[CⅡ]

マ

マッチング　　174[G], 16[HⅡ], 2[CⅡ]

ム

無作為化　　173[G], 175[G], 16[HⅡ], 2[CⅡ], 37[CⅡ]
無作為（標本）抽出　　148[G], 18[HⅡ]
無作為割り当て　　18[HⅡ]

メ

メタ分析　　245[G], 40[HⅡ], 210[HⅡ], 236[HⅡ]

モ

黙従傾向　　87[CⅠ], 94[CⅠ]
目的変数　　5[CⅠ]

ユ

有意確率　　4[HⅡ]
有意水準　　156[G], 231[G], 244[G], 4[HⅡ]
有意水準の恣意性　　151[HⅡ]
優越率　　242[G], 214[HⅡ]
U検定　　198[G], 275[HⅡ]

U_3　　218[HⅡ]
U_2　　217[HⅡ]

ヨ

要求特性の効果　　125[CⅡ], 133[CⅡ]
予測の誤差　　78[G], 8[CⅠ], 32[CⅠ], 108[CⅠ], 95[CⅡ]
予測の標準誤差　　23[CⅠ], 30[CⅠ], 118[CⅢ]
4枚カード問題　　14[HⅡ]

ラ

乱塊法　　16[HⅡ]

リ

領域代表性　　70[CⅠ], 126[CⅠ], 129[CⅠ]
領域適切性　　70[CⅠ]
両極性尺度　　92[CⅠ]
量的研究　　67[CⅠ]
理論的構成概念　　60[CⅠ]
臨界値　　157[G], 189[G], 8[HⅡ], 154[HⅡ]

ワ

歪度　　53[G], **18, 107**

［執筆者紹介］

吉田寿夫（よしだ・としお）
　所　属　関西学院大学社会学部
　専　門　教育心理学，社会心理学，心理学研究法
　主　著　『心理学のためのデータ解析テクニカルブック』　森　敏昭・吉田寿夫（編）　1990　北大路書房〔共編著〕
　　　　　『本当にわかりやすい　すごく大切なことが書いてある　ごく初歩の統計の本』　1998　北大路書房〔単著〕
　　　　　『心理学の新しいかたち―方法への意識―』　下山晴彦・子安増生（編）　2002　誠信書房〔分担執筆〕
　　　　　『心理学研究法の新しいかたち』　2006　誠信書房〔編著〕
　　　　　『心理学研究法―心を見つめる科学のまなざし―（補訂版）』　髙野陽太郎・岡　隆（編）　2017　有斐閣〔分担執筆〕
　　　　　効果量とその信頼区間の活用　児童心理学の進歩，53，247-273．2014〔単著〕

　　　　　『人についての思い込みⅠ―悪役の人は悪人？―』　2002　北大路書房〔単著〕
　　　　　『人についての思い込みⅡ―A型の人は神経質？―』　2002　北大路書房〔単著〕
　　　　　児童・生徒を対象とした「心のしくみについての教育」　心理学評論，47，362-382．2004〔単著〕
　　　　　セルフ・エスティームの低下を防ぐための授業の効果に関する研究―ネガティブな事象に対する自己否定的な認知への反駁の促進―　川井栄治・吉田寿夫・宮元博章・山中一英（著）　教育心理学研究，54，112-123．2006〔共著〕
　　　　　なぜ学習者は専門家が学習に有効だと考えている方略を必ずしも使用しないのか―各学習者内での方略間変動に着目した検討―　吉田寿夫・村山　航（著）　教育心理学研究，61，32-43．2013〔共著〕

本当にわかりやすい
すごく大切なことが書いてある
ごく初歩の統計の本 補足Ⅰ

2018年8月10日　初版第1刷印刷	定価はカバーに表示
2018年8月20日　初版第1刷発行	してあります。

著　者　　吉田寿夫
発行所　　㈱北大路書房

〒603-8303 京都市北区紫野十二坊町12-8
　　　電　話　（075）431 - 0361 ㈹
　　　Ｆ Ａ Ｘ　（075）431 - 9393
　　　振　替　01050-4-2083

Ⓒ2018　印刷／製本　亜細亜印刷㈱
検印省略　落丁・乱丁本はお取り替えいたします
ISBN978-4-7628-3029-7　Printed in Japan

・ JCOPY 〈㈳出版者著作権管理機構 委託出版物〉
本書の無断複写は著作権法上での例外を除き禁じられています。
複写される場合は，そのつど事前に，㈳出版者著作権管理機構
（電話 03-3513-6969,FAX 03-3513-6979,e-mail: info@jcopy.or.jp）
の許諾を得てください。

このシリーズ本を読んでいただくにあたって

添付冊子

（全5巻共通）

『本当にわかりやすい すごく大切なことが書いてある ごく初歩の統計の本 補足Ⅰ』
『本当にわかりやすい すごく大切なことが書いてある ごく初歩の統計の本 補足Ⅱ』
『本当にわかりやすい すごく大切なことが書いてある ちょっと進んだ 心に関わる 統計的研究法の本 Ⅰ』
『本当にわかりやすい すごく大切なことが書いてある ちょっと進んだ 心に関わる 統計的研究法の本 Ⅱ』
『本当にわかりやすい すごく大切なことが書いてある ちょっと進んだ 心に関わる 統計的研究法の本 Ⅲ』

吉田寿夫 記

北大路書房

筆者のスタンス

　一度に5冊の研究法に関する著書を上梓させていただくことになりましたが，これらは，拙著，吉田（1998）『本当にわかりやすい すごく大切なことが書いてある ごく初歩の統計の本』（略称『ごく初歩本』）とのセットで，シリーズ本と言えるようなものになっています。そして，その内容のほとんどは，『ごく初歩本』と同様に，多くの先達がこれまでに解説したり論じてきたりしたことを筆者なりにまとめたにすぎないものであり，「古いやつだ」と思われる可能性が高い本だと思っています。また，そのほとんどは基礎的と言えるであろう内容であり，共分散構造分析，階層線形モデル分析ないしマルチレベル分析，ブートストラップ法，媒介分析，傾向スコアを用いた因果効果の推定法，メタ分析，項目反応理論，非心分布，ベイズ推測などといった，近年（？）利用されることが多くなった分析法や数学的に高度な発展的な事柄については，少しだけ言及している箇所はありますが，基本的には取り上げていません（というよりも，正直なところ，筆者には，上記のような発展的な事柄について解説するための知識はほとんどありません）。せいぜい，3巻目からのタイトルに記した「ちょっと進んだ」といった程度の内容です。

　しかし，筆者は，後述する（研究者になることを目指している大学院生を主たる対象とした）3回の抜き打ちテストの結果や実際に行なわれている研究に遍在しているさまざまな問題事象を鑑みるならば，古くておせっかいで自明で口やかましいなどと思われそうな基礎・基本的な事柄について確実に「理解」してもらうための著書を今あらためて出版することは，必要性ないし有用性がかなり高いであろうと考えています。発展的な事柄についてしっかり理解するとともに，それらの分析法の有用性が過大評価されることを抑制するためにもです（「便利な統計ソフトを使うことによって，手計算などはとうていできない分析を簡単に行なうことができるようになった現在であるからこそ」とも言えるでしょう）。そして，取り上げている分析法は古くから解説され，使われてきたものであっても，「これまでの本では，こんなことまでは説明していなかった」とか「こんな（手前味噌ですが，わかった気にさせてくれる）説明の

仕方はされてこなかった」と思っていただけるように，筆者なりに，意味理解を促進するための工夫を随所でしたつもりです。

　学生時代の恩師にあたる先生方に対しては失礼な物言いになるかもしれませんが，筆者は，（心理）統計や心理測定に関する専門的な教育を受けてきた者ではありません。また，高度な内容に関する著書や論文などを多数読んできたわけでもありません（正直なところ，特に洋書に関しては，語学力の低さも関係して，ごく少数のものしか読んでいません）。ですから，曲がりなりにも心理学的研究に関する方法論者であるとは思っていますが，統計や心理測定に関する専門家（理論家やメーカー）ではありません。あくまで一介のユーザーないし実践者であり，学会のシンポジウムなどで専門家の方々と一緒に登壇する際には，「こちら側の方々は統計のキャリア組で，私はノンキャリアのたたき上げです」などというひねくれた自己紹介をよくしています（ネガティブな印象を与えてしまっているかもしれませんが…）。しかし，ノンキャリアのたたき上げであろう者であるからこそ，実践の場で生じているさまざまな問題や多くの人が理解できていないこと・誤解していることなどについての知識は多々有していると思っています。そして，種々の研究法の誤用や不適切な適用を抑制したり，基礎・基本的な事柄についての理解を促進するためには，筆者のような立場の者も多少はお役に立てるのではないかと思っています。

　筆者は，心理統計および心理測定に関する専門家の中でも，非常に幅広くかつ深い知識を有しているとともに，実践の場にも舞い降りて（？）多くの示唆に富む啓発活動をなさっている東京大学の南風原朝和氏に敬意を抱き，研究法に関してわからないことや疑問に思うことがあると，たびたびそれらを南風原氏に投げかけ，ご教示いただいたり，議論をさせていただいたりしています。また，南風原氏が上梓されている南風原（2002）『心理統計学の基礎―統合的理解のために―』や南風原（2014）『続・心理統計学の基礎―統合的理解を広げ深める―』などの著書は，筆者の理解・認識の進展にとって非常に有用であるとともに，理解していることでも「的確に書いてあるなあ，うまいなあ」と感心することが多々あります。しかし，失礼ながら，同時に「多くの初学者にとってはかなりむずかしいだろうな」とか「もっとかみ砕いた説明が必要だろう」などとも思っています（ご本人にも直接そのようにお話ししています）。

そして，学問上はオリジナリティが高かったり高度であったりはしなくても，基礎・基本的な事柄についての多くのユーザーの理解の促進につながる初歩的な著書を上梓することも大切であると思うとともに，「筆者が書く本は，南風原氏の書いた本を読むための基礎づくりになる，前座的なものでいいし，現状を鑑みるならば，そのような本の必要性は高い」と考えるようになりました。

まずは，以上のようなスタンスで書いた本であることを踏まえておいていただければと思います。

それから，今回のシリーズ本では，研究する姿勢や学ぶ姿勢についての「おじさん（いや，もう，おじいさん？）の主張」といったことを多々述べています。そして，それらの多くは，先にも記したように，さしでがましいおせっかいな内容であったり，自明のことであったり，「人の揚げ足とって飯の種（筆者の場合は，酒の種？）」といった，たちが悪いと思われかねない内容になっています。ですから，不快に感じる方もいらっしゃるかと思いますが，「現状を少しでも望ましいであろう状態にしたい」，「妥当性の低い証拠に基づく不当な結果・主張の一人歩きと言えるであろう事象を抑制したい」という思いで述べていることですので，ご寛恕いただければ幸いです（もちろん，筆者のおせっかいが不要な方は多数いるでしょうし，批判が該当しない妥当性の高い研究も多々あるとは思っています）。

各巻の内容や略称

まず，5巻の中の最初の2つは，『ごく初歩本』の内容を補足したものであり，ふざけていると思われるかもしれませんが，そのまま，『本当にわかりやすい すごく大切なことが書いてある ごく初歩の統計の本 補足Ⅰ』，『本当にわかりやすい すごく大切なことが書いてある ごく初歩の統計の本 補足Ⅱ』というタイトルを付けました。略称は，『補足本Ⅰ』，『補足本Ⅱ』であり，各々の内容は，以下の通りです。なお，『ごく初歩本』よりも前に出版された，実用書といった面が色濃い本である，森・吉田（1990）『心理学のためのデータ解析テクニカルブック』も今回のシリーズ本の中の所々に登場しますが，これについては『テクニカルブック』と略記します。

『補足本Ⅰ』　『ごく初歩本』における記述統計に関する部分である1章〜5章の内容を補足した本です。加筆していることもありますが，多くは，重要なことについての再説明といった意味合いが強い内容です。また，今回のシリーズ本において解説する多くの分析法について確実に理解する上で必要になる基礎的な事柄である「標準偏差と相関係数のベクトルによる表現と変数の合成」ということについて，1つの章を設けて，筆者なりにていねいに説明しました。

『補足本Ⅱ』　『ごく初歩本』における推測統計（の中の統計的検定）に関する部分である6章〜9章の内容を補足したものであり，こちらについては，再説明よりも，加筆と言えるであろう内容が多くなっています。また，難易度がやや高くなるために『ごく初歩本』においては省略してしまった標本分布と信頼区間の算出ということについて，それぞれ1章を設けて説明しました（これについても，内容は，これまで多くの著書で説明されてきた，まさに「古い」ことですが，なるべくわかりやすいものになるように配慮したつもりです）。さらに，『ごく初歩本』の9章である「統計的検定の問題点・適用上の留意点」については，検定力ということに関する説明を加筆するとともに，適用上の留意点に関して，多くの具体例を提示しながらの補足説明や加筆をしました。それから，近年，統計的検定への過度の依拠から脱却するために知っておく必要性が高くなった「効果量とその信頼区間の活用」ということについても，1つの章を設けて，基本的な事柄についてなるべくわかりやすく解説するとともに，それらの活用のあり方に関して先達が論じてきたことの筆者なりのまとめと私見を，望まれる基本姿勢といった精神論も交えて記しました[1]。

次に，残りの3巻について説明します。これらの巻の内容の多くは，『ごく初歩本』では取り上げなかったことや，少ししか言及しなかったことです。そして，『補足本』に比べ，データの分析法だけでなく，測定法や実験計画法な

---

[1] この部分については，本シリーズ全体の最後の方の原稿を書いているときに高野・岡（2017）『心理学研究法―心を見つめる科学のまなざし―（補訂版）』における同様の事柄についての執筆依頼があったため，そこで記したこととかなり重複した内容になっています（ただし，今回のシリーズ本の方が紙幅に余裕があったため，よりていねいな説明になっていると思います）。

どのデータの収集法に関わる内容についても多くの紙面を割いています。また，『ごく初歩本』と『補足本』に比べて，や̇や̇高度で難解であろう内容が多くなっています。そこで，「統計の本」ではなく「心に関わる 統計的研究法の本」とするとともに，「ごく初歩の」ではなく「ちょっと進んだ」として，それぞれのタイトルを，『本当にわかりやすい すごく大切なことが書いてある ちょっと進んだ 心に関わる 統計的研究法の本Ⅰ』，『本当にわかりやすい すごく大切なことが書いてある ちょっと進んだ 心に関わる 統計的研究法の本Ⅱ』，『本当にわかりやすい すごく大切なことが書いてある ちょっと進んだ 心に関わる 統計的研究法の本Ⅲ』としました。略称は，『ちょっと本Ⅰ』，『ちょっと本Ⅱ』，『ちょっと本Ⅲ』であり，各々の内容は，以下の通りです。

　『ちょっと本Ⅰ』　この巻には，「単回帰分析」と「測定の妥当性」と題した2つの章しかありません。前者は，ある1つの変数の値から別の1つの変数の値を予測ないし推測する際に用いられる分析法であり，そのものが心理学的研究などにおいて用いられることはほとんどありませんが，それ以降の（実際に頻繁に用いられている）多くの分析法について理解するための基礎知識として非常に重要になるものです。単回帰分析のことがしっかり理解できていなければ，『ちょっと本Ⅱ』，『ちょっと本Ⅲ』で取り上げる，共分散分析，偏相関係数，部分相関係数，重回帰分析などについては，「本ほんわかり」と言えるであろう状態にはならないと思います。そして，単回帰分析について，こんなに多くの紙幅を使って説明している本は，他にはまずないであろうと思っています。それから，後者は，「測定値が，測定しようとしている変数を的確に反映している程度」と言える事柄であり，測定しようとしている変数が直接観測することができない抽象的な構成概念であることが一般的である心理学的研究においては，極めて重要になることです。これについても，非常に多くの紙幅を使って，測定の妥当性ということの詳しい意味や，測定の妥当性について検討する際の留意点・望まれる姿勢，多くの人に誤解されていることや認識されていないであろうことなどについて，筆者なりにていねいに説明しました。

　『ちょっと本Ⅱ』　この巻では，「実験的研究における剰余変数の統制」ということを軸に，1要因の分散分析，2要因の分散分析，共分散分析，プリポス

ト・デザインによるデータの分析，について説明しました。その際，筆者が学生時代に読んだ本の多くにおいては説明されていたけれども，近年の本の多くにおいては説明されていない，各分析法の論理に関して，筆者なりの説明をしました。そして，非常に手前味噌ながら，特に共分散分析に関しては，その意義と論理に関して，今回のように具体的にていねいな説明をしている本は，他にはほとんどないであろうと思っています。また，プリポスト・デザインによるデータの分析は，実践の場が「特定の不当な方法の伝染・蔓延」と言えるであろう状態になっている面が強い事柄であり，それらの方法がなぜ不当なのかや，ではどうしたらよいのかについて，ていねいに説明したつもりです。さらに，その章では，実践的な介入研究を行なう際の留意点・実際に行なわれている研究の問題点といったことについても，おせっかいな主張を多々させてもらいました。

　『ちょっと本Ⅲ』　この巻は，「偏相関係数」，「重回帰分析」，「個人内変動に基づく相関的研究と個人間変動に基づく相関的研究」と題した3つの章しかありません。それらの中で，偏相関係数と重回帰分析は，パス解析，共分散構造分析，階層線形モデル分析ないしマルチレベル分析，媒介分析などといった発展的な分析法について理解する際の基礎になるものです。これらについても，『ちょっと本Ⅱ』までで説明したことをベースにしながら，多くの他書に比べて紙幅を非常に贅沢に使って，意義および論理や適用上の留意点などについてしっかり理解していただくための筆者なりの説明をしたつもりです。また，「個人内変動に基づく相関的研究と個人間変動に基づく相関的研究」ということは，相関的研究と呼ばれる方法による従来の研究のほとんどに非常に大きな問題があることを指摘することになる，極めて重要な事柄です。この問題については，前掲の南風原氏や筆者がかなり前から啓発的な活動を行なってきましたが，事態がほとんど変わらないため，今回あらためて取り上げることにしました（これまた手前味噌になってしまいますが，筆者は，1990年に開催された日本社会心理学会の『多変量解析の光と闇』と題したワークショップにおいて，すでにこの問題を取り上げています）。

なお，『ごく初歩本』においては，「統計の本」という言葉を使い，心理統計という限定は付けませんでした。しかし，『ごく初歩本』は，「ごく初歩本のシェアを奪います（^^）」と（第2著者が）直接筆者に宣言して出版された（そして，本当にその通りになったようである）山田・村井（2004）『よくわかる心理統計』などの「心理統計」とか「心理（学）のための〜」などと題している多くの統計書よりも，「心理学的研究における統計」という色合いの濃いものだと思っています（山田氏と村井氏のお師匠さんである前掲の南風原氏も，そのように言ってくださっています）。では，それなのに，なぜ「心理統計」などとしなかったのかというと，正直なところ，1つには，「なるべく多くの領域の人に買ってほしい」という筆者のいやらしい打算が働いていたからです。しかし，それだけではなく，心理学的研究であるという認識が（明確には）なくても（言い換えれば，心理学というラベルのもとで行なわれているものではなくても），知・情・意の精神作用が関わっていると考えられる事柄に関する研究に従事している人にとっては『ごく初歩本』は有用であろうと思っていたことも，あえて「心理統計」とか「心理学のための統計」などとしなかった理由であったと思っています（後付けかもしれませんが）。そして，今回のシリーズ本（その中でも，特に，3冊の『ちょっと本』）の内容は，『ごく初歩本』以上に，「心に関わる研究」という色合いの濃い内容になっているとともに，先に記したように，『補足本』に比べて，データの分析法だけでなく，データの収集法に関わる内容についても多くの紙面を割いています。このようなことが，『ちょっと本』のタイトルに「心に関わる 統計的研究法」という言葉を用いた理由です。

　それから，「（古くから多くの統計書で解説され，かつ，多くの研究において実際に使われてきたとともに，現在もなお多用されている分析法である）因子分析が取り上げられていないのは，どうしてなのか」と疑問に思われる方がいるかと推察されます。この疑問は当然のことだと思います。そして，理由は簡単です。筆者のエネルギーが切れてきたとともに，「まずは，これまでに書いたものを早く世に出そう」と考えただけです。ですから，今後，時間的な余裕ができ，かつ，エネルギーが補充されたならば，『ちょっと本Ⅲ』を加筆したりするかもしれません。ただし，一方で，すでに『ちょっと本Ⅰ』の「測定の

妥当性」の章や吉田（2002）などにおいて適用上の主な留意点について論じているので，新たに書く必要性は低いかもしれないとも思っています[2]。

まず踏まえておいていただきたいこと

以上に記したこと以外で最初に踏まえておいていただきたいいくつかのことについて，以下に，箇条書きの形で列記します。

[1] いずれの巻についても，『ごく初歩本』と同様に，大学の講義などで補足説明をしてもらわなければ理解できないものではなく，1人で読んでも十分理解できる本になるように心がけました。

[2] 既有知識がかなりある場合には別ですが，基本的には，『ごく初歩本』から『補足本Ⅰ』，『補足本Ⅱ』，……，『ちょっと本Ⅲ』の順に読まないと理解が困難であるようになっています。これは，学習というものは，本来，既有知識との関連づけがなされながら進むものであり，とりわけ，統計についての学習はこのような面が強いものであろうことから，致し方がないことだと思います。

[3] 南風原・平井・杉澤（2009）『心理統計学ワークブック―理解の確認と深化のために―』という著書があります。これは，心理統計に関するものとしては非常にめずらしい類いの本だと思いますが，サブタイトル通り，心理統計についての理解の確認と深化にとって有用なものだと思います。そこで，今回

---

[2] 今回のシリーズ本は，量的研究とか統計的研究と呼ばれる研究の方法について解説したものですが，筆者は，質的研究（と呼ばれているもの）を軽視しているつもりはありません。質的研究の中にも，「おもしろい」，「意義がある」，「方法が巧みだ」などと思えるものはたくさんあります。また，実際に行なわれている質的研究の方法に関して批判的な主張をしたいことも多々あります（たとえば，修正版グラウンデッド・セオリー・アプローチ：M-GTAと呼ばれる方法に沿って型にはまったことを遂行してはいるけれども，問いや対象としている事例の選出が洗練されていないために，見いだされていること・論じられていることが常識の整理にすぎないと思われる内容であったり，意義があまり感じられないものであったりする研究が少なからずあるように思っています）。さらに，そもそも「量的研究 vs. 質的研究」というように2項対立的にとらえるべきものではないとも思っています（多くの人は，そのように考えてはいないかもしれませんが）。多分に余分な話だったかもしれませんが，お含みおきください。

のシリーズ本にもワークブックとしての機能をもたせようと考え，一部の章を除いて，章末に多くの練習問題を提示するとともに，それらについての解答に関して，多くの紙幅を使って，ていねいな解説を行ないました（特に『補足本Ⅰ』と『補足本Ⅱ』は，ワークブックという面が強くなっていると思います）。ただし，単なる計算練習やルーチン的な分析・解釈の練習のような問題ではなく，理解の確認・定着・広がり・深化などに資するであろう（そして，多くは，南風原氏らによるものとは類いの異なる）問題を筆者なりに考えて作成しました。ですから，本文を読むだけでなく，極力，練習問題にも取り組んでいただければと思います。なお，練習問題は，一部の例外的なものを除いて，電卓なども含め，持ち込み一切不可のテストの問題であることを想定したものです。また，基本的には，種々の統計量の定義式ないし計算式を覚えていなければ正解できないものではありません。これらのことを踏まえ，「意味理解に基づく推論」ということを重視してトライしてください。

　4　1つひとつのことについて複数の例を提示していることが多いとともに，言い換えをしている箇所が多々あるために，「くどい」という印象を抱かれる可能性が高いと思っています。このようなことには，「くどい」という言葉がフィットするような傾性が筆者に元来あることも関与しているでしょうが，理解の確認・定着・広がり・深化がなされてほしいという思いや，理解したことの実践の場における活用が促進されてほしいという思いが反映したものだと，当人としては考えています（合理化ないし正当化かもしれませんが）。それから，筆者の文章は，一文が長いことが多いとともに，かっこ書きが多いために，読みにくいと思われる可能性が高いであろうことも自覚しています。ある程度は気をつけて修正したつもりですが，「思いや考えが的確に伝わるように」という気持ちの表われであるとともに，筆者の個性であると寛容にとらえていただき，がまんして読んでいただければ幸いです。すみません（「でも，だけど，…」というようにクリティカル・シンキングを働かせることが病的なまでに習慣化しているために，断定的な表現を使うことに抵抗や違和感を覚えてしまい，すっきり，ないし，はっきりしない文になっている面も多々あると思います）。

どのようなことを目的として，どのような内容について，どのように書いたか

それでは，これまでに記したことと多少重複してしまいますが，この「添付冊子」において筆者がみなさんに最も伝えたい事柄である標記のことについて詳しく述べます。なぜそうするのかと言うと，このようなことについての筆者の思いを頭の片隅に置きながら本文を読み進めていただきたいからです。ただし，すぐに本題に入るのではなく，先に，筆者の思いに説得力をもたせることにつながるであろう事例について記させていただきます。

● 3回の抜き打ちテストの結果が示唆していると考えられること

意地が悪いたちであろう筆者は，これまでに，複数の大学の大学院生や大学教員などを対象として，統計に関する抜き打ちテストを3回実施させていただきました。ここでは，それらの概要を提示した上で，統計に関わることを中心とした研究法についての学習および教育の現状に関して結果が示唆していると考えられることを簡潔に述べます。

まず，各回のテストを受けてくださった方々は，以下のような人たちです。

1回目：関西にある，心理学の研究者養成をしている複数の大学の（心理学の中でも多変量解析などの数学的に高度な分析法を使うことが多いであろう領域である）社会心理学を専攻している大学院生21人

2回目：研究者養成に重点を置いている4つの国立大学（そのうち3つは旧帝大であった大学）の心理学専攻の大学院生や大学院を修了した方々など129人

3回目：ある（旧帝大であった）国立大学において開催された，統計に関するオープンな集中講義の受講者135人。専門ないし専攻は，主に心理学と工学で，他にも，統計学，スポーツ統計，医学，脳科学，数学，情報数理科学，経済学，国際関係論，社会学，教育学，英語教育など，多種多様でした。また，多くは大学院生でしたが，大学教員や研究員である方なども20人以上受講していました。

次に，テスト問題の内容は，ほとんどが（研究者になることを目指している大学院生にとっては）基本的事項だと考えられる（ないし，そうであってほしい）事柄に関するものです。具体的内容は，ここでは提示しませんが，1回目に関しては（一部を）吉田（2002）に，2回目に関しては吉田（2006）に，正解およびその解説と正解率とともに掲載してあります。また，3回目に関しては，一部を，今回のシリーズ本のいくつかのところに提示してあります。

それでは，結果です。

まず，失礼ながら「出来はそれほど良くないのでは…」という予想を漠然と抱いてはいましたが，結果はいずれも予想をはるかに越えた，正解率が非常に低いと言えるであろうものでした（具体的には，上記の吉田，2002，2006や本文を参照してください）。また，2回目のテストにおいて，「パソコンを使わずに分析をしたことがない」という（象徴的な？）記述をしている人がいたとともに，「プリポスト・デザインを用いて得られたデータの分析法」に関して自由記述を求めた問題では，「何か適当に統計ソフトなんかを使ってみる」という記述もみられました。それから，1回目のテストのときに「数式を覚えていなければできない問題を出すのはずるい」といった内容の（不満を表出していると考えられる）発言をした人がいましたが，これは筆者にとってはまさに「飛んで火に入る夏の虫」的発言です（なぜならば，実際には，どの問題も各分析法の意味をきちんと理解していれば数式を覚えていなくても正解できるはずのものであるからです）。

最後に，以上のような結果から筆者が思ったことを記します（もっとも，いずれも，もともと多少なりとも思っていたことですが…）。

まず，「ただ型にはまったことが機械的に行なえるようになるための手続き的な事柄の修得にウエイトが置かれすぎていて，種々の分析法の意味に関する基礎・基本的なことについての学習が極めておろそかになっているのでは」と思いました。また，「用いる分析法（たとえば，共分散分析や重回帰分析）について（きちんと）解説してある本などを読まずに，人の研究の模倣を（ただ，統計ソフトを使って）やっている人が多いのでは」とも思いました。さらに，単回帰分析や重回帰分析などの基本的事項に関する問題に正答するための基礎的知識を身につけずに共分散構造分析などを使っている（または，使おう

としている）人たちが多いであろうことに，今さらながら，強い危惧を覚えました。それから，「本来適用されるべき，より妥当な方法が存在するにもかかわらず，"一般に用いられている方法＝妥当な方法"というアンクリティカルな思い込みが介在して，特定の不当な研究法が伝染し，蔓延しているのでは」という懸念も抱きました。

なお，2回目のテストを実施してくださった大学の先生から「大学院入試の頃なら，もっとできたはずだ」という弁明があったことをお聞きしましたが，このことから，筆者は，「試験が終わったらすぐに忘れてしまうような，藤澤（2002a，2002b）の言う，"ごまかし勉強"が横行しているのではないか」と思いました。

● 今回のシリーズ本のねらい

ここからが本題であり，まずは（最も重要だと考えている）「主にどのようなことを目的として今回のシリーズ本を書いたのか，言い換えれば，読者のみなさんにどのようなことを育もうとしているのか」ということについての筆者の思いを述べます。なお，思いがたくさんあるので箇条書きのような形で列記しますが，以下の各事項はきれいに排他的になっている内容ではなく，相互に関連している面が多分にあるものです。

■1 統計に対するネガティブなイメージの変容の促し

筆者の授業の受講生の人たちに「統計に対するイメージは」という質問をすると，たいてい，「むずかしい」，「とっつきにくい」，「つまらない」などというような回答が返ってきます。もちろん，うれしくはありませんが，無理もないことだと思います。なぜならば，実際に統計は「むずかしくないものではない」と考えられるからです。しかし，「統計はむずかしい」，「どうせわからない」などと思っているだけでは（こちらが提示していることの取り入れが頭の中につくられたバリアーによってさえぎられているような状態である）認知遮断と言えるであろう心理過程が働いて，理解が阻害され，そのために，統計に対するイメージがますますネガティブなものになってしまいがちだと考えられます。ですから，「わかりやすさ」を重視して，「わかってもらう，ないし，わかった

気になってもらう」ための説明を心がけ，それによって，「ちゃんと学ぼうとすれば，けっこうわかるぞ」，「（意味が）わかるって，おもしろい」と思ってもらえればと願っています（このように「わかることのおもしろさを感じてほしい」ということも，今回のシリーズ本を書く際の筆者の思いの１つです）。

　なお，余談かつさしでがましい話になってしまいますが，筆者は，統計についての教育をする側が「（意味を）理解すること」と「（統計ソフトを使って型にはまったことを）やれるようになる（言い換えれば，慣習になっているやり方がわかる）こと」をしっかり区別していない（ないし，それらの重要性についてあらたまって考えることをしていない）とともに，一般に論じられている学生の学力および意欲の低下や「とにかく使えるようになりたい」という安易なニード，さらには，卒業論文を円滑に遂行させなければならないという思いなどに不用意にとらわれていることが，手続き的な事柄の修得に過度にウエイトを置いた教育が行なわれがちであることに強く関わっていると思っています。そして，多くの若者が夜遅い時間に活動するようになったことに合わせて深夜営業のコンビニなどができ，それが若者の夜型の生活を助長したであろうのと同様に，上記のような学生の現状についての不用意な考慮は学生の学びの有り様をより安易で本来望ましくないであろうものにさせているのではないかとも思っています。もちろん，わかりやすい教育を行なうこと自体は（通常）大切でしょう。しかし，手続き的な事柄を過度に重視した教育では，本来の「わかった」という感覚をもってもらうことはできないと思います。また，少なくとも筆者の経験からは，基礎的な事柄について学習してもらった上で，それ相応の説明をすれば，（失礼ながら）学生さんたちの基礎学力がそれほど高くはなくても，「わかった」とか「なるほど」という感覚を伴う意味理解を促すことは十分可能だと思います。のっけから，多くの読者のみなさんにとってはお門違いの，「統計教育を行なっている方々への（要らぬおせっかいである）主張」になってしまいました。すみません。

2　研究を行なう際や研究法について学ぶ際の望ましいであろう姿勢ないし態度の育成

　これまたおせっかいながら，今回のシリーズ本には，「統計的研究を行なう際や統計ないし研究法全般について学ぶ際の姿勢ないし態度といったものが望

ましいと考えられる状態になるように」という思いも色濃く反映していると思います。そして，筆者が望ましいと考え，育みたいと願っている姿勢ないし態度は，自らの考えを反証の危険にさらすリスキーな検証をしようとすること，ストイックに手間暇をかけること，安易に思考終止せずに論理的・多面的・主体的・柔軟に考えようとすること，判断保留的態度ないし曖昧さへの耐性をもつこと，などです。もちろん，このようなことは多分に価値観が関わることであり，絶対的に正しいと言えるようなものではないと思っています。まさに「おじさんの主張」といったものです。ですから，筆者の主張に耳を傾けてくださった上で，ご自分なりの姿勢や価値意識を形成していただければと思います。

なお，筆者は，「ある統計的手法の意味（すなわち，"論理・しくみ"と"意義・働き"）について理解していく過程と，実際の研究活動において仮説検証を行ないながら理論を進展させていく（すなわち，人間の心のしくみや働きについての理解を深めていく）過程はパラレルである」という認識をもって地道に学習することが大切だと思っていますが，これが具体的にどういうことであるかについては，『ちょっと本Ⅱ』の115〜116ページなどを参照してください[3]。

❸ 基礎・基本的な事柄についての確実な理解と，それに基づく自己学習および生涯学習の促進

先にも記したように，学習というものは，本来，既有知識との関連づけがなされながら進むものであり，とりわけ統計についての学習はこのような面が強いものだと思います。ですから，当然のことながら，有意味かつ確実な学習をするために本来必要なはずの基礎的な知識が獲得されていなければ，そのような学習は成立しないはずです。また，既有知識との関連づけが適切になされなければ，「わかった」とか「あっ，そうか」とか「なるほど」などというような理解の進展についての認識が生じないために，「おもしろい」という感覚に付随した学習への動機づけも高まりにくいものと考えられます。

しかし，「現状は」というと，少なくとも統計に関しては，一般に，数学的

---

3) ❷の項に記したことは，他の項に記したことと多分に関連ないし重複しています。それから，学びのあり方については，藤澤（2002a, 2002b），市川（2000），麻柄（2002），西林（1994, 1997, 2009）などを読むことをお薦めします。

に高度な事柄の学習が優れた研究者になる（ないし，優れた研究を行なう）ための条件として過大視されているように思われます。また，特に大学院生に対する教育においては教える側にも同様の風潮があり，学生の知識水準の現状から大きく乖離した高度すぎる内容が（その前に獲得すべきであろうことの教育を十分にせずに）取り上げられることが多いように推察されます。もちろん，「高度な（そして，多くの場合，新しい）事柄について学ぶことに意味がない」などと言うつもりは毛頭ありません。それはそれで，本来は望ましくかつ必要なことでしょう[4]。しかし，基礎的なことを十分に学習することなく，わけがわからないままに，ただ型にはまったことが機械的に行なえるようになるための勉強ばかりをしていることが，研究法の力の過大視を生じさせ，過度の論理的飛躍を伴う不当な結果の一人歩きを横行させてしまっているであろうことに，もっと目を向けるべきだと思います。（コンピュータを用いることによってしか実行できない，多くのユーザーにとってブラック・ボックス化していると言えるであろう）数学的に高度な統計手法を適用すると，その高度さに惑わされるのか，留意すべき基本的な事柄についてじっくり考えることを怠りがちであるように思うのです[5]。

　また，研究法についての学習は，自己学習および生涯学習に委ねなければならない面が非常に大きいものだと思います。そして，自己学習および生涯学習を適切かつ継続的に行なうためにも，基礎・基本的な事柄についての確実な理解は重要になると考えられます。そして，さらに，研究者になることを志している人は，このようなことを明確に踏まえておく必要があると思います。研究者にとって生涯学習は当然のことですが，その際，研究法についての生涯学習も怠らないことが大切です。特に，基礎・基本的なことについては，学生時代

---

[4]　ただし，筆者は，数学的に高度な分析法が（心理学的研究を行なう上で）必ずしも有用であるとは限らないとも思っています。

[5]　筆者は，教育心理学に関わる論文を読んだり，学会発表を聴いたりすることが多い人間ですが，残念なことに，少なくともこれまでの我が国における教育心理学に関わる研究には，妥当性に大きな問題があると考えられる結果に基づいて教育実践に関するなんらかの主張ないし提言をしているものが遍在しているように思われます。また，教育現場で用いられている（特に，質問紙法による）心理検査の中には，『ちょっと本I』の2章で取り上げる「測定の妥当性」ということに関して極めて不十分な検討しかしていないと考えられるものがあります（用いるのが有料である，市販されているものでもです）。自分では，このようなことが本文に記したような思いの形成に関わっていると思っています。

にいったん学習すると，多くの場合それがかなり不十分であるにもかかわらず，あらためて学習することがほとんどなくなってしまいがちです。しかし，「心のしくみや働き」といったやっかいなものについて究明することを目的とした研究の方法というものは，学生時代の学習だけで事が足りるほど奥が浅いものではないと思います。

4 各分析法の意味についての確実な理解

見出しに記した「意味」ということには，次のような2つの意味があります。1つ目は，「なぜ，このような方法を用いる必要があるのか（すなわち，このような方法を用いるメリットおよび用いないデメリットは何なのか，このようにしないとどのような問題が生じる可能性が高くなるのか）」といった，意義です。そして，2つ目は，「この方法（ないし，手続きや数式）は，なぜ，このような型になっているのか（言い換えれば，この方法は，どのような理屈のもとに成立しているのか）」といった，論理です。筆者は，これらのことを重視した学習をしないと，知識の定着が望めないとともに，学ぶことがおもしろくなくなってしまうと思っています。

また，意味理解を重視した学習がなされていないために，ある型を学ぶと，どのような場合にもそれを適用してしまう，一種の思考終止や手段の目的化と言えるであろう状態が生じているように推察されます。しかし，いかに論理が妥当で精緻であれ，どのような研究法も，それを適用する実践の場においては，柔軟に型を崩したり，その研究法をベースにして新たな型を創造したりする必要が生じる可能性を有しています。たとえば，筆者が従事してきた教育実践に関わる研究では，多くの場合，「そもそも，なんのためにこのような研究を行なっているのか」という本来の目的と倫理的な問題を第一義とした上で，教育現場の実状や要請なども踏まえながら，どのような方法を用いるべきかについて熟考しなければなりませんが，そのような際には，たいてい，型を崩した方がよいという判断をすることになります[6]。

---

6) 「そもそも，曖昧かつ倫理面の配慮を多分に必要とする，人の心などというものを相手にしている学問領域において，そうではない対象を相手にしている領域においても使われている方法が，そのまま無批判に型通り適用できるわけがない」と考えた方がよいのかもしれません。

もちろん，型を学ぶことは大切だと思います。しかし，その際に上記のような「意味」についての理解を伴った学習をしなければ，型通りにしなかったときにどのような問題が生じるのかが的確に想定できないために，状況に応じて柔軟かつ適切に型を変容させることができなくなってしまうと考えられます。「統計ソフトを使って統計書に掲載されている例に沿った結果が出力でき，定型的な解釈および記述ができる」ことが「統計ができる」とか「統計を理解している」ことではないと思います。波多野（1983）の言う，適応的熟達者を目指してほしいと願っています。

　なお，「一般的な型や手続き的な事柄について学んでいないと卒業論文や修士論文などの作成が円滑に行なえない」というようなご意見も存在するかと思います。もちろん，このようなご意見は，ある意味ごもっともであり，「一般的な型や手続き的な事柄についての修得は必要ない」などと主張しているのではありません。言いたいことは，「一般的な型や手続き的な事柄の修得を過度に重視した（ないし，そのようなことを優先させた）教育および学習は，本末転倒で手段の目的化と言えるものではないか」ということです。「意味がよくわからないままに，お作法（らしきもの）に沿ったことを機械的ないし無難に遂行するだけでよいのか」，「卒業論文などを作成する本来の主たる目的は何なのか」，このようなことについての問い直しが必要ではないでしょうか。

5 **自他の研究に対してクリティカル・シンキングをする態度や能力の育成**

　筆者は，研究法の論理は合理的で精緻であっても，ことに心に関わる研究においては，方法上まったく問題のないものは現実にはあり得ないと思っています。そして，それは，主に，①心に関わる研究では，通常，直接観測することができない構成概念を相手にしているために，その操作や測定の方法に"完全"と言える状態があり得ないこと，②どのような心理現象にも非常に多くの変数が複雑に絡み合って関与しており，各研究においてそれらのすべてを考慮することはできないこと，③各研究は，参加者の特性や実施される状況などに関する種々の変数に関して，限られた条件下で行なわれていること，などに起因していると考えられます[7]。また，このような「元来そうであって，致し方ない」というようなことだけでなく，種々の研究法に関して明らかに不当だと

考えられる適用をしている研究も散見されます。したがって，データと乖離した不当な主張を自らがしたり，他者が行なった研究の結果を無批判に受け入れたりしないようにクリティカル・シンキングを働かせることは，非常に重要だと思います。そして，その際には，前項に記したような「安易な思考終止や手段の目的化などと言えるであろう，マニュアル化された思考や実践からの脱却」，「"文脈に依存しない，普遍的・絶対的な正しい適用法が存在する"というような認識の是正」，「データと相談しながら，（自己責任を自覚して）主体的な判断をする姿勢や能力の獲得」といったことが大切になると考えられます。

なお，現時点では，筆者は，クリティカル・シンキングを，「物事に対する思考が論理的で感情に過度に左右されていないことや，柔軟であったり慎重であったり多面的であることなどを意味している，思考の仕方に関する概念」というようにとらえています。ここで，批判の対象として想定しているのは，本来，自らの思考であり，自らの思考に対して意識的に吟味をする（深く自分を省みるという）内省的・熟慮的思考と言えるものだと考えています。ですから，当然のことながら，他者を否定したり非難したりするための思考を指すものではありません。そして，他者の言動の背後にあると考えられる思考に対するクリティカル・シンキングや情報の信憑性についての吟味といったことも，それらを自身が無批判に受け入れてしまうことにチェックをかけたり，自らの思考をクリティカルなものにしていくための思考だと考えています。また，人間の思考は，多くの場合，自動的・無意識的であるとともに，自動的になされた思考に対してチェックがかからないままになんらかのイメージ形成や判断がなされることが多いことが，多くの心理学的研究によって知られています。そして，このような自動性ということを踏まえると，多くの場合，思考の論理性とともに（ないし，論理性よりも），「安易に（思考停止ではなく）思考終止して断定をせずに，"でも，〜かもしれない"，"だけど，…の可能性もある"などと，あれこれ考えること」がクリティカル・シンキングにおけるポイントに

---

7) 1つ目に記したことについては，『ちょっと本Ⅰ』の2章で論じています。また，3つ目に記したことについては，『ごく初歩本』の245〜247ページや『補足本Ⅱ』の235〜240ページなどで論じています。

なると思っています[8]。

　それから，多くの人にとって自分の思考や行動のよくないところというのは気づきにくいものですから，「人の振り見て我が振り直せ」という諺が示唆しているように，「まずは他の人の研究の方法のよくない面に注意を向け，そこで気づいたことをチェック・ポイントとして自分の研究の方法を正す」という方策が（たちは悪いかもしれませんが）有効になると思います。そして，その際に大切なことは，「考えたことをメモすること（すなわち，可視化すること）」と「後で，それらを整理すること」だと思います[9]。

6 統計に対する絶対視・過大評価の抑制

　統計的データに基づく主張という行為は，本来，証明という手続き（のみ）に基づくものではなく，個々人の判断（ないし，意思決定）という，主観性を完全に排除することはできないであろう過程が介在するものです[10]。言い換えれば，心理的事象に関する現実の問いは，数学の論理のみで結論を下すことができるものではありません（当然のことでしょうが）。そして，『ごく初歩本』の231〜232ページに例示したように，統計には曖昧で恣意的な面が多々存在しています。このようなことから，筆者は，「統計に対する絶対視ないし過大

---

8) このような意味で，筆者が追究しているクリティカル・シンキングをする姿勢や能力は，「曖昧さへの耐性の形成」という面を多分に有しています。それから，「この場合，（一般によく使われているであろう）思考停止という言葉よりも思考終止という言葉の方が適切である（すなわち，問題なのは，考えることをいったん止めることではなく，終わらせてしまうことである）」と考えるようになったのは，クリティカル・シンキングという言葉を世間に広めた立役者の1人であろう兵庫教育大学の宮元博章氏のアドバイスがあったことによります。

9) Sternberg (1997) が論じているように，クリティカル・シンキングをする姿勢や能力の育成は，統計教育ないし研究法教育だけでなく，心理学教育全般の重要な目的だと思います。

　なお，長年，非常勤講師をしている大学の学生さんが，筆者の授業に対して，「この授業は，統計の授業というよりも，統計を題材にしたクリティカル・シンキングに関する授業だ」という感想をレポートに記してくれたことがあります。筆者は，この感想をうれしく思うとともに，読者のみなさんが同様に感じてくださったならば「しめしめだ」と思っています。また，「まだ自分たちが実際に研究をやっているわけではないのに批判的なことばかり聞かされて，怒られているようで嫌だった」というような感想が寄せられたこともあります。これについては申し訳ないと思うとともに，読者のみなさんにも同様の思いを抱かせてしまう可能性があるのではないかと懸念しています。しかし，もちろん，怒っているつもりなどは毛頭ありません。あくまで，本文に記したような意味でのクリティカル・シンキングを促進して，データと乖離した不当な主張をしたり，他者が行なった研究の結果を無批判に受け入れたりしないようになってほしいという思いが反映したものです（と，自分では思っています）。このことを踏まえ，寛容な態度で読んでいただければ幸いです。

10) このことについては，『補足本Ⅱ』の6章で論じています。

評価を抑制したい」という思いも抱いています（これは，前項に記した「クリティカル・シンキングの促進」ということの構成要素の1つであると言えるであろう事柄です）。

7 「心に関わる研究」という文脈を考慮した知識の形成

5の最初に同様のことを記しましたが，統計学は論理的には美しいものであるとしても，それを個々の学問領域において実際に使う「実践」においては，種々の問題が生じます。そして，泥臭くて曖昧な，各研究者の「みなし」を必要とする面が多々存在しています。したがって，統計的手法というものは，データが収集された文脈や収集されたデータの様相を踏まえながら，各研究者が自己責任を認識した上で，主体的な判断をして使用しなければならないものだと考えられます。各分析法の意味は普遍ではなく，学問領域に依存している面が多分に存在するのです。

また，当然のことながら，心に関わる研究で用いられている方法のほとんどは，元来，そのような領域でしか用いられない独自のものではありません。そして，そのためか，心理学研究法（特に，心理統計）に関する著書の多くは，例が心理学的研究に関するものになっていても，心に関わる研究に固有もしくは心に関わる研究において特に問題になる事柄を取り立てて扱ってはいません。しかし，このような著書に記されていることしか学習していないと，実際に研究を行なう際に，収集され分析されたデータとそれに基づいて主張しようとする心のメカニズムの間に大きな乖離が生じる可能性が高くなってしまいます[11]。したがって，このような乖離を小さくするために留意しなければならないことに関しても種々学ぶ必要があると思います。

以上のことを要約するならば，「数学の論理のみでは割り切れない，領域固有性の高い事柄について学ぶことも必要である」，「単なる"統計（学）"ではなく，心に関わる研究という文脈（ないし，実践の場）を意識した"心理統計"を学ぶ必要がある」ということです。そして，余計であろうことをさらに述べるならば，「例題を心理学関連のものにしただけでは心理統計の著書とは

---

[11] このようなことの最たる事柄が，今回のシリーズ本の最後の章である『ちょっと本III』の3章で論じる，「個人内変動に基づく相関的研究と個人間変動に基づく相関的研究」という問題です。

言えない」と思うのです。

8 日常生活に役立つ知識の形成

『ごく初歩本』の本文の一番最後（268ページ）に記したように，「統計学の考え方の基本は，私たちが日常行なっている思考の中の良識あるものを，少し洗練して定式化したものに過ぎない」と思います。ということは，統計に関する（確実な意味理解を伴う）適切な知識が形成されれば，日常生活において見聞きする統計的資料について，クリティカルに解釈することができるようになると考えられます。また，身のまわりで生じるさまざまな事象や自他についてのクリティカルな思考も促進されるであろうと思います。今回のシリーズ本では，『ごく初歩本』ほど色濃くはありませんが，このような思いももって執筆しました。

◉ どのような内容について，どのように書いたのか

最後に，以上のような思いを具現するために「どのような内容について，どのように書いたのか」ということについて，目的の場合と同様に，箇条書きのような形で列記します。

○『ごく初歩本』などでも述べたことですが，これまた当然のことながら，得られたデータに数学的に高度な分析法を適用しても，そのデータが適切な方法によって収集されたものでなければ有効な情報を得ることはできません。つまり，統計的データ分析法は，データの中に潜んでいる有意味な情報を的確に取り出して，私たちが客観性や妥当性が高い判断を下すための手がかりを与えてくれるものであり，もともとゴミ（誤差）しか含んでいないデータの中からダイヤ（有意味な情報）を生み出す魔法ではありません（「Garbage in, garbage out：ゴミを入れてもゴミしか出てこない」なのです）。ですから，「いかにして質の高いダイヤが多く含まれているデータを収集するか」ということや「データの中に多くのゴミが混入しないようにするか」ということは，非常に重要です。このようなことから，（特に『ちょっと本』においては）データの分析法だけでなく，測定法や実験計画法などのデータの収

集法に関わる内容についても多くの紙面を割きました。

○前項の❶（統計に対するネガティブなイメージの変容の促し：以下同様）に記した思いに沿って，ある程度わかっている人が読んで「的確なことが簡潔に書けている」と思うレベルに安住せずに，くどく，ていねいに，「痒いところに手が届いている」と思ってもらえるであろう，かみ砕いた説明をするように心がけたつもりです。また，初学者の人がつまずいたり誤解したりすることが多い点についておせっかいな説明をすることにも心がけました。さらに，少々粗雑であっても，何をやっているのかがわかりやすいであろうデモンストレーションを組み込んだ説明をすることや，直観的理解を促すための図を多々提示すること，実感を伴う理解を促すために多くの具体例を提示することなどもしました。それから，数式の意味を言葉で（国語的に？）説明する，というようなことにも心がけたつもりです。

○前項の❷に記した思いに沿って，研究を行なう際や研究法について学ぶ際の望ましいであろう姿勢ないし態度に関する「おじさんの主張」を随所で述べました。

○前項の❸に記した思いに沿って，基礎を重視し，数学的にかなり高度だと考えられる分析法までを広範に網羅することはしていません。

○前項の❹に記した思いに沿って，各方法の意義と論理について理解してもらうための説明に多くの紙面を割きました。具体的には，「ローデータのどのような特徴が分析結果にどのように反映されるようになっているのか」ということについて理解してもらうための説明に重きを置きました。また，このことと関連して，各分析法が「どのようなことを前提に成り立っているか」や「どのような状態を理想ないし極限的なものと想定しているものであるか」といったことにも重きを置きました。さらに，「種々の統計的指標や方法の間の関連づけを図る」ということにも留意したつもりです[12)]。

それから，『ごく初歩本』と同様に，手続き的な事柄は重視していませ

ん。そして，単なる計算の練習やルーチン的な分析・解釈の練習などではない，各方法の意味についての理解の確認・定着・広がり・深化などに資するであろう練習問題を数多く提示しました。具体的には，たとえば，「このようなデータでは，分析の結果がどうなるか」とか「提示した複数のデータに関して，分析結果がどのように異なるか」といった問題について，電卓や統計ソフトを使って計算をするのではなく，「意味理解に基づく推論」によって解答してもらう問題を多数提示しています。また，上記とは逆と言えるであろう「分析結果が……のようになるローデータを例示してください」といった問題も多々提示しました（こちらの方が確実な理解がなされていないと正解できない可能性が高い問題であるとともに，このような問題について考えることによって種々の分析法や統計的指標の意味についての理解がより促進されるであろうと思います）。なお，筆者の統計の授業を受講した学生さんに，「先生のテストは，数学のテストというよりも国語のテストみたいな感じで，不思議でした」というコメントをもらったことが何度かあります。

○前項の**5**，**6**に記した思いに沿って，種々の分析法がもともともっている問題点（言わば，統計の限界や恣意的ないし曖昧な面）や（種々の不適切な適用例を提示しながらの）適用上の留意点についての説明にも多くの紙面を割きました。そして，自他の研究に対して的確にクリティカル・シンキングをすることを促すであろう展開で説明を行なったり，アンクリティカルな面を有する研究例を提示して「この研究の方法（や解釈など）について論理的に

---

12) 筆者は，学習において関連づけが大切であることについて話す際に，西林（1994）の4ページに記されている「①墾田永年私財法，②三世一身法，③荘園の成立，④班田収授法，の4つの出来事を年代の古い順に並べる」という問題や，麻柄（2002）の32ページに記されている問題に手を加えた「暖流と寒流では，良い漁場になりやすいのはどちらか」と「よく冷えている炭酸飲料と冷えていない炭酸飲料では，刺激が強くて，一般に美味しく感じるのはどちらか」という問題などを提示します。そうすると，正解率がかなり低い（特に，前者の正解率は，通常，1割か2割程度しかない）とともに，前者の4つの出来事がどのように関連づけられるかや，後者の2つの問いがどのように関連づけられるかについて適切に説明できる人は，ほとんどいません。そして，これらのことについて（人の受け売りであるにもかかわらず得意げに）説明すると，多くの学生さんが，けっこう，「なるほど」といった反応をしてくれます（正解およびその解説については，麻柄，2002を参照してください；麻柄，2002には前者の歴史の問題も取り上げられています）。

批判してください」といった，クリティカル・シンキングをすることを直接求める練習問題を多数提示したりしました（当然のことながら，このような際には，なるべく現実に行なわれている研究における遍在性が高い事柄を取り上げるようにしました）。

ちなみに，宇宙物理学者の池内了氏は，『中学生からの大学講義2 考える方法』という著書（永井・池内・菅・萱野・上野・若林・古井，2015）の中で，『現代の学校教育においては，合理的な内容は教えているけれど，不合理についてはまったく教えない。これは非常に危険なことである。本来なら，不合理なものをあえて見せて，「なぜこれは不合理なのか」ということを考える力を身に付ける必要があるのだ。合理的なものばかり教えていると，正しいことにしか対応できない人間に育ってしまう。つまり，不合理も教えておかないと，ニセ科学に出会ったときに対処の仕方がわからなくなってしまうのである。そういう意味では，不合理への免疫を今のうちにつけておくことが肝要だ』（64〜65ページ）と述べています。筆者はこのような考えに強ーーく共鳴しており，的確なクリティカル・シンキングを促すためには，物事のアンクリティカルな面についての知識を獲得してもらうことが重要になると思っています。

それから，筆者は，自分の統計の授業の受講生の人たちに，「私の授業を受けると，いろいろなことについて留意しなければならなくなるし，はっきりとした主張がしにくくなって，卒業論文や修士論文が書きにくくなる可能性が高いよ。だから，私の授業を受けない方が，気楽にやれて，幸せかもしれないよ」などといったことを（一応，微笑みながら）よく言います。そして，今回のシリーズ本の読者のみなさんにも，同様の弊害（？）が生じる可能性は多分にあると思っています。しかし，実証的な研究というものは，元来，種々のことに留意しながら，判断保留的態度をもって，自らの理論や仮説を反証の危険にさらす活動を積み重ねる中で認識を進展させていくべきものであり，少数の証拠に基づいて容易に結論が下せるようなものではないと思います。ですから，上記のような弊害（と，本心に反して記したこと）は，生じるのが当然であると言えることだと思います。

○前項の**7**に記した思いに沿って，心に関わる研究を行なう際に特に留意すべきだと考えられる事柄を種々取り上げました。

○前項の**8**に記した思いに沿って，『ごく初歩本』の終章のようにそのことに特化した章は設けてありませんが，日常的な例をなるべく提示するようにしました。

以上，理想論めいたことばかり述べてきましたが，実際にどの程度具現できているのか，全巻を読み終えた上で各自で評価していただければと思います（＾＾）[13]。

---

13) 全巻に関わる表記上のこととして，以下の事柄についてもご承知おきください。
- 従来の多くの統計書では，分析の対象になっている変数が1つのみであるときには，それを x というアルファベットで表わしていましたが，近年の統計書においては，従属変数（ないし，基準変数）に関しては y で表わすことが慣習になってきているということを知り，このシリーズ本では，それに即した表記にしました。ですから，『テクニカルブック』および『ごく初歩本』で x と表記していたものの多くを y としています。
- データ数について『ごく初歩本』において N と表記していたものの多くに関して，小文字の n に変更してあります（特に理由はありません，すみません）。
- 近年，被験者（subject）という用語は，実験を行なう者と受ける者とが対等ではないなどといった誤解を招く可能性が想定されることなどから，（実験）参加者（participant）や協力者という用語に変更することが多くなっています。そこで，このシリーズ本でも，被験者ではなく，通常，参加者という言葉を使うことにしました。また，それに合わせて，図表などにおいて参加者のことを表記する際には，（Sではなく）Pという記号を用いることにしました。
- 『ごく初歩本』では（主に）「対応のある」と記していたものを，「対応がある」に変更・統一してあります（これも，特に理由はありません。感覚的にそうしただけです）。
- どのようなものを図とし，どのようなものを表とするのかに関する基準があやふやで，一貫性に欠ける面が多分にあると思います。校正段階で修正した方がよいであろうことに気がついたのですが，そうすることのコストが非常に高いため，そのままにしてしまいました。いい加減なことで，すみません。
- 絶対値が1を超えない統計的指標である比率や相関係数などについては，0.32などというように自明である0を付けずに，.32というように表記しました。それに対して，絶対値が1を超え得るものに関しては，1の位の0を省略してありません。
- 各巻，各章の【練習問題】番号の左肩には，◯，▶，㋾のいずれかの記号を付けてあります。これらの意味は，以下の通りです。
    - ◯：ぜひぜひやっていただきたいと考えている練習問題
    - ▶：ぜひやっていただきたいと考えている練習問題
    - ㋾：やっていただく必要性が高くないと考えている練習問題
  なお，記号が付いていない練習問題は，いずれでもないものです。

引用文献

藤澤伸介　2002a　ごまかし勉強(上)―学力低下を助長するシステム―　新曜社

藤澤伸介　2002b　ごまかし勉強(下)―ほんものの学力を求めて―　新曜社

南風原朝和　2002　心理統計学の基礎―統合的理解のために―　有斐閣

南風原朝和　2014　続・心理統計学の基礎―統合的理解を広げ深める―　有斐閣

南風原朝和・平井洋子・杉澤武俊　2009　心理統計学ワークブック―理解の確認と深化のために―　有斐閣

波多野誼余夫　1983　文化と認知―知識の伝達と構成をめぐって―　坂元　昂(編)　現代基礎心理学　第7巻　思考・知能・言語　東京大学出版会　Pp.191-210.

市川伸一　2000　勉強法が変わる本―心理学からのアドバイス―　岩波書店

麻柄啓一　2002　じょうずな勉強法―こうすれば好きになる―　北大路書房

森　敏昭・吉田寿夫(編)　1990　心理学のためのデータ解析テクニカルブック　北大路書房

永井　均・池内　了・菅　啓次郎・萱野稔人・上野千鶴子・若林幹夫・古井由吉　2015　中学生からの大学講義2　考える方法　筑摩書房

西林克彦　1994　間違いだらけの学習論―なぜ勉強が身につかないか―　新曜社

西林克彦　1997　「わかる」のしくみ―「わかったつもり」からの脱出―　新曜社

西林克彦　2009　あなたの勉強法はどこがいけないのか？　筑摩書房

スタンバーグ，R.J.(編)　宮元博章・道田泰司(編訳)　2000　アメリカの心理学者　心理学教育を語る：授業実践と教科書執筆のための TIPS　北大路書房 (Sternberg, R. J. (Ed.). 1997　*Teaching introductory psychology : Survival tips from the experts*. Washington, DC:American Psychological Association.)

高野陽太郎・岡　隆(編)　2017　心理学研究法―心を見つめる科学のまなざし―（補訂版）　有斐閣

山田剛史・村井潤一郎　2004　よくわかる心理統計　ミネルヴァ書房

吉田寿夫　1998　本当にわかりやすい　すごく大切なことが書いてある　ごく初歩の統計の本　北大路書房

吉田寿夫　2002　研究法に関する基本姿勢を問う―本来の姿ないし基本に戻ろう―　下山晴彦・子安増生（編）　心理学の新しいかたち―方法への意識―　誠信書房　Pp.73-131.

吉田寿夫　2006　研究法についての学習と教育のあり方について思うこと，あれこれ　吉田寿夫（編）　心理学研究法の新しいかたち　誠信書房　Pp.244-270.

このシリーズ本のあとがき（というよりも，ほぼ謝辞）

　「ふー，やれやれ，どうにか，ここまで来たな」といったように，それなりに達成感ないし満足感と言えるであろうものを感じてはいます。しかし，筆者が誤認していたり，認識が不十分であったり，記述が不適切であったりする面が，まだ多々あるだろうとも思っています。そして，この『添付冊子』の25ページの脚注13）にも記したように，実際に，形式上不統一だと認識していながらも，今からそれを修正するコストの大きさにめげて，妥協してそのままにしてしまっている箇所などもあります。また，脱稿後に，新しい関連情報に接したり，新たな気づきが生じたりすることが多々あり，そのようなときには，つい，それらに関することを加筆したくなってしまいました（実際にそうしたことも多々あります）。そして，このようなことは，これからも多々生じるであろうと思っています。それから，「どのようなことについて，どのような進め方で，どのようなことに留意しながら推敲するか」といった推敲の仕方について筆者なりに考えた上で慎重に推敲を重ねてきましたが，自業自得とは言え，如何せん「一度に5巻」という量の多さは難敵です。また，統計書の推敲をする際には，他の類いの多くの著書の場合に比べて，より慎重かつていねいな態度をもって（多くの時間をかけて）取り組む必要があると思っています。しかし，さすがにエネルギーが切れてきましたし，加齢および飲食に関わる不節制のためか，身体にがたが来ていると感じることが多くなってきました。ですから，「完全だと言えるようなものはないんだから，もう，ここらへんで切りをつけて，自分が学んできたことや思いを世に発信してしまおう」と決めました。まあ，上記のように種々の問題点があるとともに，「新しい事柄や発展的な内容ではないけれども，この『添付冊子』の12～21ページに記したような思いをある程度は具現した，心に関わる研究の現状を鑑みるならば，それなりに有意味な啓発をしていることになるものになっているのではないか」と，独りよがりな思いを抱いています。ですが，もちろん，これは定かなものではあ

りません。忌憚のないコメントをお寄せいただければ幸いです。

　さて，ここからは，謝辞です。
　まずは，この『添付冊子』のこれまでの部分や本文に何度も登場していただいている，心理統計および心理測定の専門家である，東京大学の南風原朝和さんに対してです。南風原さんには，1991年に教育心理学会の会場で初めてお会いして以来，研究法に関してわからないことや疑問に思うことがあると，（ときには飲みながら）たびたびそれらを投げかけ，ご教示いただいたり，議論をさせていただいたりしてきました。そして，今回の原稿を書き進める中でも，このようなやりとりを多々行なわせていただきました。さらに，複数の要職に就いておられて極めてご多忙な状況にあることを知っていながら，再校のゲラ刷りに筆者が手を入れたものを全巻分お送りして，『補足本Ⅱ』の2章，3章と『ちょっと本Ⅲ』の1章の（練習問題を除く）すべて，および，『ちょっと本Ⅱ』の「ちょっと余分な話4」と『ちょっと本Ⅲ』の「ちょっと余分な話9」を読んでいただきました。そして，貴重なコメントを多々いただき，それらを踏まえて，種々の加筆修正を行ないました。深謝いたします。
　それから，南風原さんを通して知り合った，南風原さんのお弟子さんたちからも（筆者の過度であろう食道楽に頻繁につきあってもらいながら）多くのことを学ばせてもらってきました。そして，それだけでなく，今回のシリーズ本の作成に際しては，種々の有形の手助けをしていただきました。具体的には，まず，文京学院大学の村井潤一郎さんには，さまざまなケースの検定力や信頼区間の値をRなどを使って算出していただきました（実は，筆者は，近年多用されるようになった統計ソフトであるRの使い方を学ぶことを怠っており，特に検定力の値を求める際には，いつも村井さんにお世話になっています）。また，新潟大学の杉澤武俊さんには，主に『補足本Ⅱ』の2章に掲載している「種々の標本統計量の分布図の作成」をお願いしました（村井さんと杉澤さんには，それぞれの大学に直接おじゃまし，貴重な時間を割いてご協力いただきました）。さらに，岡山大学の山田剛史さんには，南風原さんにお送りしたものと同じゲラ刷りのコピーを大学院の授業でテキスト（？）として使い，受講生の方々からの率直なコメントを送っていただくとともに，山田さんご自身か

らも貴重なご指摘を多々頂だいしました。それから，イギリスのレディング大学の村山航さんには，村山さんが書いた論文の内容を取り上げた複数の箇所に関して，筆者の記述に誤認や不適切なところがないか確認をしていただくとともに，関連する有益なことをいろいろと教えていただきました。以上の4名の方々および山田さんの授業の受講生のみなさんにも，心からお礼を申し上げます。

　次に，統計的研究の方法に関する筆者の授業をこれまでに受講した方々にも謝意を表させていただきます。特に，2002年から年間4コマの心理統計に関する授業をさせていただいている非常勤先の受講生のみなさん（および，その授業の依頼をしてくださっている先生方）には感謝の意を強く感じています。それは，「（教えていながらも）筆者が育ててもらっている」と思っているとともに，「この授業をしていなかったら，今回のシリーズ本はあり得なかった」と確信しているからです。筆者は，「授業中の学生さんの反応やテストの解答，レポートなどを見聞きして，取り上げる内容や説明の仕方について再考する」ということを，（多くの場合，意図的ないし意識的にではなく）たびたび行なっています。そして，それだけでなく，教えている過程で（ないし，教え方について考えている際に）「この分析の意味はこんなふうに理解したらいいのか」などというように，教授内容そのものについての自身の認識の進展を感じることも多々あります（これらは，どの大学の授業においても経験することです）。また，上記の非常勤の授業をしていなかったら，人には生涯学習を薦めていながら，自身が研究法についての学び直しや新たな学びをしなかったであろうことが多々あります。さらに，授業で取り上げる内容もテスト問題の量も毎年のように増えている（先輩から「鬼のような」と伝えられているらしい）筆者の授業に対して書いてもらっている（率直なものであろう）コメントは，この『添付冊子』の12〜25ページに記した「研究法（特に，心理統計）教育に関する筆者の思い」の構築に大きな影響を与えてくれていると思っています。

　最後に，多くの人の興味を引きそうな流行の内容ではないとともに，紙幅をかなり贅沢に使っているがために，多くの他書に比べて各巻で取り上げている内容が非常に少なく，教科書として採用してもらえる可能性が（『ごく初歩

本』以上に）低いと思われる，出版社泣かせであろう今回のようなシリーズ本の上梓を了承してくださった，奥野社長を初めとする北大路書房のみなさんに，記して感謝の意を表します。そして，その中でも，社長職を退いた後であるにもかかわらず，編集を担当してくださった関一明さんに，特にお礼を申し上げます。関さんとは，年齢が同じであることも影響したのか，多くの「編集者－執筆者」関係においてはみられないであろう歯に衣を着せないやりとりを互いが30歳の頃から行ない，『ごく初歩本』や『心理学ジュニアライブラリ』などの著書を一緒につくってきました。このような（忌憚がないとも言えるであろう）やりとりは今回の作成過程においても同様になされましたが，今回は，「教科書というよりも，エッセイですね」とか「本当に自由に書いてますなあ」とか「くどかったり，一文が長いことが多かったり，括弧書きが多かったりするのも個性だと考えましょう」などと言われてしまいました。また，私の方も，「（編集者が編集したものに対して）こんなことまで指摘する執筆者はいませんよ」などと返される（これまで以上に）無理難題の細かな要求を多々行ない，たびたび苛立ちを生じさせてしまったのではないかと推察しています。まあ，それでも，互いに「良い（と思える）本をつくろう」という熱い思いを強くもって，以上のようなやりとりをしながら協同作業ができるパートナーに巡り会えたことを，すごく幸せなことだと思っているとともに，筆者の種々のわがままを許容してくださったことに，あらためて感謝いたします。

　そして，今回のシリーズ本を世に出すことが，心に関わる研究の有り様や，統計的研究の方法についての学習と教育の有り様を，より望ましいと思える状態にすることに少しでも貢献できればと願っています（最後まで欲張りなことで，すみません）。

　　　　　　　　　　　　　　　　　　　　　　　　　　　　　　　吉田寿夫